Apple

Amazon

Google

アップル、アマゾン、グーグルのイノベーション戦略

AMEMIYA Kanji
雨宮寛二 著

NTT出版

アップル、アマゾン、グーグルのイノベーション戦略　目次

序章 「創造的破壊」を可能にするアントレプレナー 003

第1章 この世に起こっている企業活動はイノベーションで説明できる 021

連続的イノベーションによる進化は企業の戦略的行動…059
イノベーションは自社のリソースだけでなく外部のリソースを活用しても生み出せる…061
イノベーションは先進国から途上国への普及だけでなく途上国から先進国にも普及する…064

第2章 非連続的イノベーションから連続的イノベーションへとシフトするアップルのイノベーション

071
アップルが創り出したイノベーションとは…073
ジョブズは「イノベーションのジレンマ」に当てはまらない存在…078
クローズ戦略による独自開発は製品の完成度を高めるものの普及は限定的…080
高い利益率の保持がアップルの生命線…082
オープンイノベーションによるエコシステムの構築…086
ネットワークサービスによる非連続的イノベーションの神髄…090
非連続性を阻害しないジョブズのチームづくり…092
創造性を最大限に発揮し製品の完成度を高める「新製品開発プロセス」の存在…094
クックによる連続的イノベーションへのシフト…096

第3章

ウェブ進化によるアマゾンのイノベーション

101

アマゾンが創り出したイノベーションとは…103

利益よりもＩＴ投資を優先する企業戦略…105

精度を高め続ける「顧客の購買決定を手助けする機能」…107

「エブリデーロープライス」×「エブリシング・ストア」＝低利益率経営…109

イノベーションはフラットな組織から出発し失敗の積み重ねで成就する…111

低利益率の市場構造を構築した革新的なウェブサービスの展開…113

電子書籍はハードカバーを駆逐する破壊的事業…116

ロボット活用によるプロセス・イノベーションの実現…119

イノベーション・スピリッツを鼓舞するアマゾンプライムエアサービス…123

第4章

オープン・プラットフォームにより世界征服を目指すグーグルのイノベーション

127

グーグルが創り出したイノベーションとは…129

グーグルマップは従来技術の組み合わせによる革新的なサービス…134

オープンソースはクローズドソースを駆逐する…137

検索連動型広告によるビジネスモデルイノベーションの展開…141

コンテナの概念を取り込んだ革新的なデータセンターの構築…143
イノベーションを生み出すプロセス――基本はオープンイノベーション…146
イノベーションを生み出す企業文化と組織のあり方…149
イノベーションへの適正なるリソース配分…153
グーグルカーが目指すもの…155

第5章 アップル、アマゾン、グーグルはなぜ米国から生まれるのか 161

なぜ、米国はイノベーション大国か…163
米国は個人主義を重んじる国民性か…165
米国ベンチャー・キャピタルの誕生と発展の歴史的背景…167
リスクを引き受けるベンチャー・キャピタルとローリスク・マネーの恩恵を受ける企業家…174
失敗を容認する文化とは…175
起業形態の変化に伴うアクセラレーターの出現とイノベーションのさらなる創出…177
イノベーションのジレンマを解消する戦略の台頭…180

あとがき 185

索引 198

・本書に掲載されている社名、商品名、製品名などは、各社の商標または登録商標です。なお、本文に©、®、ＴＭは記載しておりません。
・本書に記述した内容等は、２０１５年1月現在のものです。

アップル、アマゾン、グーグルのイノベーション戦略

序章

「創造的破壊」を可能にするアントレプレナー

アップル、アマゾン、グーグルのイノベーションに対するアプローチとは

アップルにはスティーブ・ジョブズがいた。アマゾンにはジェフ・ベゾスがいる。二人とも偉大なるアントレプレナーである。グーグルにも、ラリー・ペイジやセルゲイ・ブリンという革新性を秘めた創業者が存在するが、今のグーグルは良い意味でアントレプレナーの顔が見えない。誰もがアントレプレナーになれるわけではないが、誰がアントレプレナーになってもおかしくはない。それが今のグーグルの状態である。

ジョブズが亡くなる前の10年間は、間違いなくアップルがイノベーションを牽引していた。アップルがiPodを出せば、アマゾンがクラウドでデジタル音楽の配信に乗り出す。アップルがiPhoneを開発すれば、グーグルがアンドロイド携帯で対抗する。アップルがiPadを投入すれば、アマゾンやグーグルがキンドル・ファイアやアンドロイド・タブレットで追撃する。いずれもアップルの革新的な製品やサービスに刺激を受け、競合企業が追随するという構図であった。

しかし、アップルがジョブズという偉大なアントレプレナーを失った今日、イノベーションを牽引しているのは、それまでフォロワーであったグーグルやアマゾンである。アッ

プルはジョブズを擁して偉大なる大企業という地位を築いたが、それと引き換えにジョブズが残したiPadやiPhone、iPadという功績に改良や改善を施す企業に成り下がってしまった。だが、これは優良企業が辿る必然でもある。

グーグルやアマゾンには、失敗を恐れない企業文化が存在する。たとえ失敗したとしても、それに耐えられるだけの強靭な企業体質を築き上げている。それだけでなく、むしろ失敗をバネにさらに強くなるシステムをも作り上げている。企業の健全なるイノベーション体質を測る尺度としては、成功体験に劣らず失敗体験の数もまた重要である。失敗の経験を多く積むことが、強靭な企業体質を高めてくれるのは確かであるが、それをイノベーションの創出につなげるためには、良い意味での失敗の仕方を身につける必要がある。彼らは、プロジェクトの失敗を認め撤退を判断する際に、技術や機能の構成要素を冷静かつ慎重に吟味し、他のプロジェクトや新たなアイディアに転用したり応用したりできないかを十分に見極める。失敗したいかなるプロジェクトからも、次なるステップに役立つものが残り、こうした良い失敗の仕方が、異なる用途の組み合わせによる新たなイノベーションへの創出につながることを彼らは理解している。

そもそもアップル、アマゾン、グーグルの3社は、モバイル・コンピューティングやインターネットなどを主戦場としてしのぎを削っている革新的な企業であるが、これらの世界はテクノロジーの進歩が著しく早いため、新たな製品やサービスが生まれたとしても、すぐに陳腐化してしまう。こうしたプロダクトのライフサイクルが極めて短い世界では、非連続的にせよ連続的にせよ、イノベーションを継続して創出していかなければ、競合他社の追随を許し、その後塵を拝することになる。ひとつの企業が「創造的破壊」を起こし続けることは極めて難しいことであるが、3社には潜在的にその企業力が備わっている。彼らはゆるぎないミッションの下に、自社のビジョンの正当性を強く確信し、伝統的なマーケティングや市場調査の手法に頼らず、顧客が望むモノを自らの企業力で創り出してきた。

だが、そのアプローチ方法は、3社で明らかに異なる。とりわけ、アップルとグーグルのイノベーションに対するアプローチは対照的である。アップルはiOSに見られるように、OSのソースコードを非公開にしてモバイル端末の開発を進めてきた。ジョブズはデザインと機能の両面で創造性を発揮し、どんな些細な事柄も疎かにせず、プロダクトの細部に至るまで厳格に管理して、最高のプロダクトを生み出すことだけを目指した。それゆえ、アップルは最初から完成度の高いプロダクトを市場に投入することに注力する。こうした厳格なコントロールによるクローズな進め方を採ることで、アップルはその優先課題である最高のユーザー・エクスペリエンスを生み出し続けてきた。ジョブズは優秀なエンジニアやデザイナーなどの人材を集め、フラットな組織を編成しながら統合化戦略を厳格に機能させることで、イノベーション王国を築き上げた。

こうしたアップルのクローズな進め方とは対照的に、グーグルはオープンなアプローチを採る。グーグルはアンドロイドをオープンソースとすることで、モバイル市場でのオープン・プラットフォームを構築した。OSを公開することにより、グーグルはプラットフォーム上でのコントロール権を失ったが、代わりに自由度を高めることでエコシステムの成長と拡大を手に入れた。オープンなシステムは、エコシステムにおけるリソース活用が可能となるため、システム全体の成長速度が増し、イノベーションの促進につながる。それゆえ、グーグルは最初から完成品を市場に投入する意欲を持たない。むしろ、プロダクトを「世に出してから手直しする」というスタンスで革新性を高めていく。このように、グーグルはオープン戦略を採ることで自社以外の人材の能力をも引き出し、エコシステムにおけるイノベーションを促しながらアンドロイド帝国を築き上げた。

他方でアマゾンは、これら2社とは一線を画しながら、イノベーションに対する独特のアプローチを採る。アマゾンはイノベーションを自社の中核価値として掲げることで、社員がイノベーションを創出するよう鼓舞している。パーソナライゼーションやレコメンデーションなど幾つかの革新的なアイディアは、ボトムアップ型で生まれたものである。これらのアイディアは直接アマゾンに経済的価値をもたらすものではないが、コアビジネスにおける間接的な機能としてアマゾンに大きな価値を生み出すものであった。

アップル、グーグル、アマゾンのこうした独創的なアプローチが、イノベーションを引き起こし、計り知れない経済成長を生み出すとともに、世界中の人々に大きな変化とポジティブなライフスタイルをもたらしたことはまぎれもない事実である。このように異なるアプローチを採る3社ではあるが、イノベーションに取り組む姿勢や考え方において共通する点も多い。

3社はイノベーションに必要な変化を常に受け入れる体制を整えている。イノベーション創出の出発点となるのが優秀な人材の確保であるとの考えから、3社とも採用を経営の最優先課題に位置づけている。たとえば、グーグルは自社が採用すべき理想像を「スマート・クリエイティブ」と称し、リクルートの採用基準として設定することで、徹底して優秀な人材を確保している。また、3社は従業員に自らのアイディアを追求する自由を与え、革新的なアイディアの芽を摘みとらないよう少人数でフラットな組織づくりを心がけている。フラットな組織は意思決定者とのダイレクトなコミュニケーションを可能にし、革新的なアイディアは利益よりもプロダクトの優位性に基づいて判断されることで、イノベーションが生まれやすくなる。流動性が高く柔軟性を備えた体制こそ、常に変化を察知しその変化に対応することを可能にする。

一方で、彼らはイノベーションを起こすことが、既存の企業やさまざまな産業を破壊し衰退させることを理解している。たとえ破壊が時には自社の既存事業に忍び寄ろうとも、イノベーションへの歩みを緩めることはない。アマゾンは自社のオンライン書店事業とのカニバリゼーションを覚悟のうえで、キンドルの開発に果敢にチャレンジした。だが、こうしたイノベーションによる破壊は「創造的破壊」であることを忘れてはならない。既存の企業や産業の破壊と引き換えに、新たなる市場や産業が誕生し経済的価値を生み出すのである。

歴史的にも「創造的破壊」は繰り返されてきた。だが、それは１９９０年を境にして大きな変革期を迎える。１９８０年代までに起こったイノベーションはまさにリアルの世界だけに閉じた出来事であった。それは、文字どおり画期的な製品や技術の創出が、既存の製品や技術、さらには産業構造を破壊するというものであった。だが、インターネットの商用化とともにネットでもイノベーションが創出され、ネットがリアルを破壊し駆逐するという新たな流れが誕生した。この流れを牽引したのは、まさしくグーグルやアマゾンであることに疑いの余地はない。ネットで生まれた革新性は、その計り知れない影響力により次々とリアルを形骸化し無力化している。Apple Watchなどに象徴されるように、ウェアラブル化が進展しつつある今日、新たなるイノベーションへの期待はますます高まるばかりであるが、イノベーションを常に創出し続けるという「創造的破壊」の繰り返しこそが経済成長を促すとの観点から、「創造的破壊」は、今後もこの世を変えたいとの壮大な志を抱く企業家にとって不変の原理であり続けるに違いない。

本書の目的と構成

本書の目的は、イノベーションの戦略と法則に焦点をあて、アップル、アマゾン、グーグル3社の革新性を解明したうえで、こうした革新的な企業がなぜ米国から断続的に生まれるのか、その要因を論じることにある。これまでに、『アップル、アマゾン、グーグルの競争戦略』（3社が競合するプラットフォーム戦略について実証分析した論考）と『アップルの破壊的イノベーション』（クリステンセンの分析フレームワークに基づきアップルの新市場型破壊戦略について実証分析した論考）を上梓したが、本書では、イノベーションに特化して、イノベーション理論全般を解説したうえで、3社が創出したイノベーションの実証分析を行い論じている。

まず第1章で、イノベーションがこれまで経済学や経営学の視点からどのように捉えられてきたかを俯瞰する。そもそもイノベーションは、「画期的な革新」だけを意味するのか、それとも、「既存製品やサービスの改良や改善」も含まれるのか、さまざまなイノベーションの捉え方が存在する。こうしたイノベーションの基本的な考え方に始まり、画期的な革新を意味する「非連続的イノベーション」と既存製品やサービスの改良や改善を表す「連続的イノベーション」との関係性や、イノベーションとそれを引き起こす事業主体との整合性、イノベーションの類型化などについて論じていく。さらに、イノベーションが生み出されるきっかけや、普及過程とその要因、またイノベーションが進化していく過程や脱成熟化の現象などについて、これまでに発表された論文などの先行研究を基に詳説していく。こうしたイノベーションの特性については、アカデミックな記述において難解な点も多いことから、具体的な事例を盛り込みながらできるだけ平易に解説することを心がけた。

第2章では、非連続的なイノベーションから連続的なイノベーションへと移行していくアップルの革新性について論じる。アップルに復帰した後のジョブズは、さまざまなイノベーションを成し遂げたが、その取り組み方は革新的なプロダクトを生み出す一方で、既存プロダクトの漸進的な改良や改善を積み重ねるというものであった。こうした両利きの経営手法は、優良なる大企業が陥る「イノベーションのジレンマ」の例外であり、その実現は最も難しいとされるものであった。しかし、イノベーションのＤＮＡを持つジョブズは本能的にこれを実現した。ジョブズが革新的なプロダクトを生み出し続けることができたのは、イノベーションへのアプローチとしてクローズな開発プロセスを採り、コントロール権を自社で握ることができたからであり、高い利益率を保持しながら常に新たなイノベーションを開発する原資を獲得することに成功したからでもある。また、オープンイノベーションの手法を採り、世界中から選りすぐりの技術や部品を調達できたことや、非連続性を阻害しないジョブズの卓越したチームづくりが革新性を生み出すのに十分寄与したことも忘れてはならない。

ジョブズは後継者としてティモシー・クックを選んだ。ジョブズは自分の亡き後、少なくとも革新性がアップルから失われないことだけを望んでいたに違いない。ジョナサン・アイブなど画期的な製品を開発する潜在能力は依然としてアップルには存在するが、その能力を引き出し強力に推進していくリーダーが不在であることを認識していた。それゆえ、クックという漸進的な改良や改善を地道に遂行できるタイプの人間を選んだのだ。今のアップルはこの連続的なイノベーションで十分な成果を出している。むしろ最大限の成果を出していると言ったほうがよいかもしれない。だが、このアプローチを採ることで、アップルから革新性が失われるわけではない。潜在的にアップルには革新性が備わっており、堅実な経営を続けていけば、将来的にこれを顕在化するチャンスが必ずや巡ってくる。「イノベーションのジレンマ」に陥らなかったジョブズだからこそ、このことを確信してクックにバトンを渡したに違いない。しかし、すでにその革新性は、持続的イノベーションにより蝕まれつつある。アップルの潜在的に備わる革新性が、将来、開花するかどうかは、今後のアップルの動向を見守るしかない。

第3章では、ウェブを常に進化させることで、イノベーションを展開するアマゾンの革新性について論じる。アマゾンはそもそも通販サイトとして創業したが、その後、ＩＴ

投資を重ねることでその革新性を徐々に高めていった。それは、パーソナライゼーションやレコメンデーションなどの機能を生み出す一方で、自動値つけロボットを開発しインターネットを徘徊させることで、高いレベルでの価格優位性を創り出すというものであった。また、アマゾンは本業以外でも革新性を高めるプロダクトを生み出している。ウェブサービスや電子書籍サービスなどがそれである。中でも電子書籍サービスは既存の書籍サービスをカニバライズする可能性があったが、アマゾンは電子書籍サービスを破壊的事業として位置づけ、キンドルという製品化の実現に向けて邁進していく。

他方でアマゾンはオペレーション面でも革新性を発揮していく。それはフルフィルメントセンターでのロボット活用や配送業務における小型ヘリコプターの導入など、プロセス・イノベーションを展開することで、オペレーションのさらなる効率化を目指すものであった。このように、アマゾンは自社の革新性を高めることにリソースを傾注してきたことから、本業で得た利益の多くをこれまでＩＴ投資につぎ込んできた。その投資額は今や年間で65億ドルに達している。そのため、長らく低調な利益率に終始する経営が続いている。だが、こうした低利益率経営にもかかわらず、株式市場はアマゾンを評価し投資家からは支持され続けている。それはアマゾンのＩＴ投資が、長期的視野に立ったリターンやコスト削減をもたらす堅実な投資であることを市場が理解している証しでもある。

第4章では、オープン・プラットフォームによりイノベーションを展開するグーグルの革新性について論じる。グーグルは創業の1年前に、検索アルゴリズムを駆使した画期的なウェブ検索エンジンの開発に成功した。検索アルゴリズムは今や年間で500回以上の変更が加えられることで、その革新性を日々高めている。一方でグーグルは、新たにユニバーサル検索やナレッジグラフ、グーグル・インスタント、グーグル・サジェストといった検索サービスや検索機能を開発して、検索エンジンの利便性を高めている。さらに、グーグルは検索エンジンにアドワーズやアドセンスといった広告プログラムを結びつけることで、独自の検索連動型広告モデルを生み出した。この検索連動型広告はビジネスモデルイノベーションとしてグーグルに多大な経済的価値をもたらし続けている。

こうした一連のウェブ検索事業を自社のコアビジネスとして、グーグルはウェブアプリケーションや基盤技術でも画期的なサービスや技術を開発している。中でもグーグルマップは、オンライン地図情報サービスとして開発されたウェブアプリケーションであるが、検索エンジンやGPSなど4つの従来技術を組み合わせて生み出された革新的なものであった。また、アンドロイドはモバイルOSとして開発された基盤技術であり、ソースコードを無償で開示することでモバイルOSの標準化を果たし、グローバルレベルでオープン・プラットフォームの地位を築き上げている。

グーグルの革新性はこのようにさまざまな分野で生み出されているが、こうした革新性を維持し顕在化させるために、グーグルはイノベーションへの適正なるリソース配分の基準として、「70対20対10のルール」を導入している。これは、自社のリソースをコアビジネスに70%、有望なる成長プロジェクトに20%とそれぞれ配分し、残りの10%を新たなアイディアに配分するというルールである。この基準により、グーグルは新規プロジェクトへの適正配分を10%に制限することで、自社のイノベーションを孵化させ続けている。

第5章では、こうしたアップル、アマゾン、グーグルといった革新的な企業が、なぜ米国から次々と生まれるのか、その理由について論じている。米国がイノベーション大国であり続けるのは、歴史的背景、国民性、社会制度の3つが主な要因である。ひとつ目の歴史的背景は、建国以来米国にはイノベーションに求められる「非連続性」の文化が刻み込まれていることを示すものである。2つ目の要因である国民性は、米国には集団や組織より、個人、特に英雄を称賛し重んじる国民的な気質が存在することから、イノベーションを牽引する企業家が容易に受け入れられることを示唆するものである。最後の社会制度は、企業家を主に資金面で支援するベンチャー・キャピタルの存在と制度が米国では確立していることを指し示すものである。こうした要因の他にも、米国には労働市場における流動性の高さなど、イノベーションが生まれやすい要因が存在する。

また、近年米国ではICT市場におけるイノベーションの役割に変化が見られる。アップルやグーグル、フェイスブックといった優良な大企業が、イノベーションとして成果を出した新興企業を、創業間もない期間で高額買収する戦略を採り始めている。こうした買収は、非連続的なイノベーションの開発が不利であるという大企業の難点を補うものであるが、それは同時に大企業の非連続的イノベーションの開発意欲を削ぐことにもつながるものでもある。非連続的イノベーションは新興企業に任せて、大企業は漸進的な改良や改善を行う連続的イノベーションに傾注するといった両者の棲み分けが明確に確立されることが、米国のイノベーション創出にいかなる影響を及ぼすようになるのか懸念されるところである。

なお、第1章でイノベーションの定義について触れ、イノベーションには「既存製品やサービスの改良や改善」が含まれないといった考え方と、イノベーションには「既存製品やサービスの改良や改善」が含まれるといった2つの考え方が存在することを論じているが、第2章以降では、イノベーションには「既存製品やサービスの改良や改善」が含まれるといった考え方に立ち、画期的な革新を「非連続的イノベーション」、既存製品やサービスの改良や改善を「連続的イノベーション」とし、これら2つのイノベーションを総称して「イノベーション」と記述することにした。というのも、アップル、アマゾン、グーグルの3社はイノベーションを展開するアプローチがそれぞれ異なるため、あえてこのようなかたちで整理して論じたほうが、3社の違いをより明確に読者の方々に理解してもらえるのではないかと考えたからである。

第1章

この世に起こっている企業活動はイノベーションで説明できる

企業活動はすべてがイノベーションか

およそ世の中の企業活動は、２つの言葉で集約される。ひとつは「新たな製品やサービスを創り出す活動」であり、もうひとつは「既存の製品やサービスを改良し改善する活動」である。たとえば、自動車、冷蔵庫、テレビ、飛行機などについて考えてみると、これらの製品をはじめて開発し実用化することが前者にあたり、これらの製品を改善・改良しアップデートやアップグレードさせながら機能や性能を高めることが後者にあたる。前者のように、新たに製品を創り出すことは非常に難しい企業活動であるが、ひとたび開発されて実用化され、普及を伴う経済的な成果が市場で実現されれば、その製品は「画期的な革新」として後世に名を残すことになる。

しかし、現在当たり前のように実用化されているこれらの製品は、はじめから完成品として消費者の前に現れたわけではない。製品化されて市場に出た後も、細かな改良や改善といったプロセスを積み重ねることで製品としての性能や機能が高められ、市場に浸透し実用化されていった。企業活動としては、画期的な革新こそが華々しく脚光を浴びる傾向にあるが、改良や改善の積み重ねもまた、普及における地道な企業活動として欠かすことはできない。

それではイノベーション（innovation）とは、「画期的な革新」と「既存製品やサービスの改良や改善」のどちらを指すのであろうか。画期的な革新が、新たに創出されるという非連続的な特徴を持ち、経済的な成果を市場にもたらすといった観点から、画期的な革新こそがイノベーションであるとする考え方と、既存の製品やサービスといった従来の延長上で進められる細かな改良や改善もまた経済的な価値をもたらすとの観点から、画期的な革新に加え改良や改善もまたイノベーションに含まれるとの考え方の両方が存在する。

イノベーションには「既存製品やサービスの改良や改善」が含まれないといった考え方

企業は新たな製品やサービス、技術を開発し社会に浸透させ普及させることで成長し、社会的な地位を築いていく。長期にわたり優れた製品やサービスを提供し続ける企業力なくして、企業は「存続し続ける（going concern）」ことはできない。企業の浮沈を左右するこうした新製品や新技術の創出といった画期的な革新こそがイノベーションであり、まさに、イノベーションとは「新しいものを生産する、もしくは既存のものを新しい方法で生産する」ことを意味する。経済システムの中でイノベーションを捉え、このように主張したのはヨーゼフ・アーロイス・シュンペーター（Joseph Alois Schumpeter）である。ここでの生産とは、利用可能な種々の「物や力（materials and forces）」の結合を意味し、イノベーションが従来とは異なるかたちで物や力を結合する、すなわち「新結合（new combination）」であることを示している。

このように、画期的な革新こそがイノベーションであるとの主張は、新製品や新技術の創出に重点を置いていることから、過去の延長上にはないイノベーションの重要性を特徴づける「非連続性」と、変化の源泉として創出される企業の内なる新たなる創造が既存の製品やサービス、技術を駆逐するといった「創造的破壊」という2つの特性が強調される。

経済の成長や発展の牽引役として、イノベーションがその中心的な役割を果たすとのシュンペーターの考え方に立てば、創造的破壊こそ資本主義の本質である。イノベーションが起こる源泉は、基本的に外部環境の変化ではなく企業の内なる創造にある。持続的な経済発展を達成するためには、間断なく新たなイノベーションを起こし創造的破壊を繰り返すことが重要である。短期的な均衡に目を向けるのではなく、現存の構造をいかに創造し破壊するかとの視点に立ち捉えることが大事である。

たとえばインターネットについて考えてみると、インターネットは過去に存在しえなかった新しい技術である。世界中の複数のネットワークを相互に接続した巨大な分散型ネットワークであるインターネットは、電子メール、デジタル情報の共有や公開、映像や楽曲などのコンテンツ配信、オンラインショッピングなど、さまざまなサービスを新たに創造しながら、人々のライフスタイルとして定着し数多のネット事業者が誕生することで著しく普及した。このように、インターネットによりもたらされた非連続的な変化は、企業構造や社会構造、さらには経済構造に変化をもたらした。一方でインターネットは、非連続的なイノベーションとして機能することで、新たなる価値を創造するとともに、既存の製品やサービス、技術などを破壊することとなった。

イノベーションには「既存製品やサービスの改良や改善」が含まれるといった考え方

既存の製品やサービスの改良や改善が小さな革新を積み重ねていくとの観点から、画期的な革新に加え、既存の製品やサービスの改良や改善もまたイノベーションに含まれると主張したのは、ネイサン・ローゼンバーグ（Nathan Rosenberg）である。画期的な革新が誕生したとしても、それが社会的に浸透し普及するまでには、改良や改善といった過去の延長上にある連続的で漸進的な取り組みもまた必要となる。イノベーションを「企業にとって新しい製品デザインや製造過程を習得し、使いこなせるようになる過程」と表現したローゼンバーグの考えは、イノベーションを広く捉え、こうした積み上げ型の漸進的なイノベーションの役割が重要であることを説いている。

優れた製品やサービス、技術は、最初から完全な状態で市場に出るわけではない。確かに、企業は優れた製品やサービスを完璧な状態、すなわち、その時点で最も完成度の高い状態で市場に出すべきであるが、はじめから完成された製品など存在しない。企業による絶え間ない改良や改善があって、はじめて優れた製品やサービスとして完成していく。製品やサービスの問題点は企業の内部からだけではなく、消費者や競合他社といった市場からも生まれる。市場から生じる問題点は企業からすればまったくの想定外であるため、そこにはさらなる改良や改善の余地が生まれ完成品として進歩していくのである。

たとえば、2010年4月に発売されたiPadを見てみると、当初iPadは重要な機能が備わっていない欠陥製品であるとさまざまなメディアによって叩かれた。「カメラがない、マルチタスクができない、Flashが使えない、USBがない」など列挙すればきりがない。

アップルは満を持して完成度の高い製品としてiPadを市場に送り出したものの、このように市場の反応は冷ややかであった。その後アップルは、さまざまな改良や改善を重ねることでiPadを進化させていく。iPad 2の発売を契機に、新たにフロントとバックに2つのカメラを内蔵し、ｉＯＳ４・２・１の開発によりタブレット市場においていち早くマルチタスクの実現を図るなどして、汎用性の高いタブレットとして完成度を高めていった。このように、アップルはまさに改良や改善といった漸進的なイノベーションを果敢に遂行することで、iPadを完成度の高い製品として進化させていく。その後のiPadの好調な販売数を見れば、次世代製品が先代製品の欠点を改善するという連続的なイノベーションが、需要サイドに価値をもたらし、経済的な成果が市場で実現されることで、iPadの普及が促進していったことがうかがえる。

こうした漸進的で連続的なイノベーションは、従来の延長上で改良や改善が進められ、小さな革新を積み重ねていくとの観点から、「インクリメンタル・イノベーション（incremental innovation）」や「持続的イノベーション（sustaining innovation）」とも呼ばれている。

非連続的イノベーションと改良や改善による連続的イノベーションはトレードオフの関係にある

これまで見てきたように、非連続的イノベーションは、新たに画期的な製品やサービス、技術を生み出すイノベーションである。これに対して、連続的イノベーションは、すでに開発された製品やサービス、技術そのものの改良や改善を図るイノベーションである。それでは、これら2つのイノベーションの間にはどのような関係があるのだろうか。この命題に答えるためには、非連続的イノベーションと連続的イノベーションを同時に生み出すことができるかどうかを考えてみればわかる。

非連続的イノベーションは非連続性という特徴を有することから、過去を断ち切ることで新たに生み出されるイノベーションである。つまり、従来の製品やサービス、技術の概念をかなぐり捨てて、新しくものを創り出す行為である。この際に必要なのは、既存の知識や経験ではない。むしろ、そのようなものは足かせとなる。重要なのは新しいものを生み出すための発想や思いつきであり、既成概念に囚われないことである。だが、連続的イノベーションに傾注していると、非連続的イノベーションに必要な発想や思いつきが失われる。なぜなら、連続的イノベーションでは、漸進的かつ連続的に改良や改善を重ねていくことで知識や経験を蓄積していくため、従来の次元の上でしか物事を捉えようとしなくなるからである。このように、連続的イノベーションにおいて蓄積された知識や経験は、非連続的イノベーションに必要な発想や思いつきを阻害するため、連続的イノベーションを進めながら非連続的イノベーションを生み出すことは極めて難しいことがわかる。

たとえば、ソニーのテレビ事業を見てみると、ソニーは早くからブラウン管テレビを開発し、テレビ市場におけるリーダーとしてブラウン管技術の改良や改善に邁進してきた。そのため、薄型テレビの製品開発に後れをとり、薄型テレビの時代が到来するとソニーのテレビ事業は不振に陥り、リーダーたる地位を失うことになる。その転機となったのは、スーパーフラットトリニトロン管の開発である。この開発により、ソニーは従来ブラウン管技術において困難とされていた画面のフルフラット化の実現に成功した。この技術が継承されたベガ（ＷＥＧＡ）の成功により、ソニーはますますブラウン管技術に固執することになる。その後もソニーは、ブラウン管という従来技術の次元の上でテレビ事業を展開し続けたため新たな技術の開発に後れをとり、液晶パネル技術を搭載したブラビア（ＢＲＡＶＩＡ）の発売は、シャープのアクオス（ＡＱＵＯＳ）発売後5年もの歳月を経過してからであった。ブラビアへのブランド変更後もソニーはベガブランドによるブラウン管技術の改良や改善に継続して打ち込み、ブラウン管テレビ市場が需要減退に至るまでブラウン管テレビの生産終了を決断することができなかった。このように、ソニーのテレビ事業もまた、連続的イノベーションを進めながら、非連続的イノベーションを生み出すことの難しさを示してくれる一例である。

非連続的イノベーションは「新興企業」だけが起こせて「大企業」は起こせないのか

画期的で非連続的なイノベーションは、スタートアップ（startup）のような新興企業が起こせても、大企業のような実績のある優良企業は起こせないのであろうか。既存の大企業が非連続的イノベーションを起こせない大きな理由のひとつに、組織や制度がすでに成熟している意思決定手続きの存在が挙げられる。そもそも実績のある優良企業はコア・コンピタンス（core competence）がすでに確立しているため、経営資源の全体最適化が図られ、人材や予算などの面で自社の資源配分は企業の中核的な力に充てられることが前提とされる。そのため、たとえ革新的なアイディアや技術が社内から生まれたとしても、社内の経営資源をそのような新たなイノベーションに投入するといったコンセンサスを得るのは難しい。このように実績のある大企業では、経営資源をコア・コンピタンスに投入するといった企業戦略としての共通なる正当性があらかじめ構築されているため、新たなイノベーションへの投資が困難な環境にある。

よって、経営資源をコア・コンピタンスに充てる大企業では、必然的に既存の製品やサービスの改良や改善に目が向くため、漸進的で連続的なイノベーションに傾注する傾向がある。クレイトン・クリステンセン（Clayton M. Christensen）は技術／生産面からの視点ではなく、市場／顧客面からの視点を重視してこの点について明確に指摘している。

クリステンセンは、画期的で非連続的なイノベーションを「破壊的イノベーション（disruptive innovation）」、製品やサービスの改良や改善といった漸進的で連続的なイノベーションを「持続的イノベーション」と称し、イノベーションを2つに大別している（図表1－1）。クリステンセンによれば、業界をリードする実績のある優良企業は、恒常的に顧客の意見に耳を傾けニーズを探り、そのニーズに応じた製品を増産し改良するために新技術への積極的な投資を怠らないが、ある種の市場の変化に直面すると、その地位を守ることに失敗し市場における競争優位を失うという。いわゆる、「イノベーションのジレンマ（innovator's dilemma）」である。このイノベーションのジレンマの根幹となっているのが、実績のある優良企業と新興企業とがそれぞれ持ちうる「モチベーションの非対称性（asymmetries of motivation）」である。

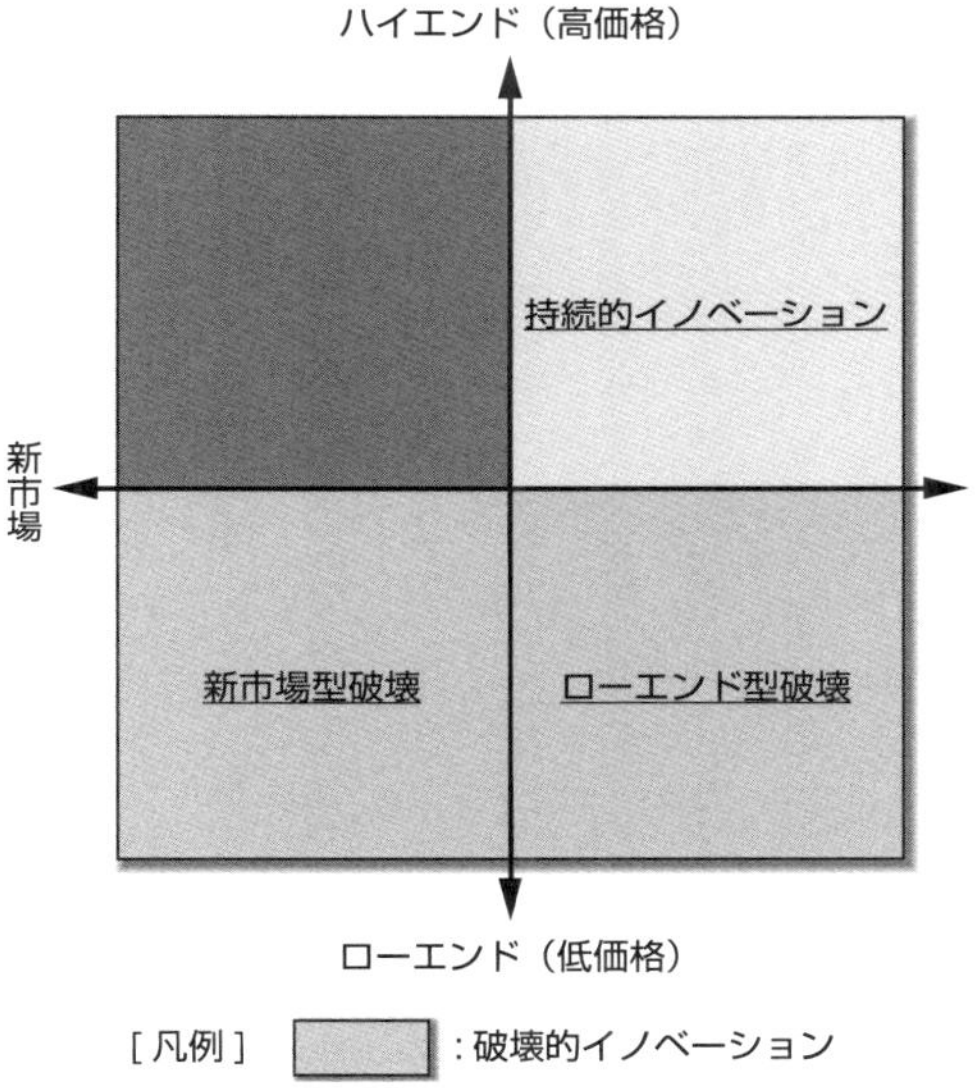

図表1－1　クリステンセンによるイノベーションの分類

優良企業は収益率の高い主流市場を選ぶため、当然ながら持続的技術の開発を選択する。なぜなら、優良企業は主流市場の最も収益性の高い顧客を最も魅力的な顧客であると位置づけるからであり、またそうした顧客も持続的技術を利用した製品を求めるからである。このように、優良企業は主流市場のメイン顧客に照準を合わせ、彼らが評価してきた性能に従い新技術に投資する。新技術の多くは製品の性能を高めるものである。裏返せば優良企業は、価格、マーケットサイズ、主流市場における顧客ニーズの面から、破壊的技術への積極的な投資は合理的でないと判断し、必然的に収益性の低いローエンド製品やサービスを切り捨てることになる。このような優良企業による主流市場での持続的技術に対峙して、新興企業は破壊的技術を用いて従来の製品より低機能かつ安い価格で、それほど要求が厳しくない顧客や新しい顧客の獲得を狙うことを目的として、既存のローエンド市場や新市場に現れる。なぜなら、新興企業は主流市場において知識や経験の蓄積がないことから、主流市場に入り込むのが極めて難しいからである。新興企業はこうした知識や経験といった連続的な蓄積がないおかげで、逆に非連続的なイノベーションを起こしやすくもなる。このような優良企業と新興企業とが持つモチベーションの非対称性こそが、それぞれ持続的イノベーションと破壊的イノベーションへと向かわせる大きな要因となっている。

クリステンセンが指摘するように、市場／顧客面で見れば、実績のある優良企業は収益率の高い主流市場を選ぶため、必然的に持続的技術の開発に投資する。よって、産業が成熟化した局面において、それまでに蓄積した知識や経験が役に立つことから、優良企業は持続的イノベーション、すなわち漸進的で連続的なイノベーションを進めるうえで、優位に立つことができる。一方でこうした知識や経験を持たない新興企業は、その非連続性の特性から破壊的技術を用いてローエンド市場や新市場に入り込み、破壊的イノベーション、すなわち画期的で非連続的なイノベーションを進めるうえで、優位に立つことができるというわけである。

このクリステンセンによる主張は、優良なる大企業は非連続的イノベーションに不向きであり、新興企業は連続的イノベーションに不向きであることを指摘するものである。それでは実績のある大企業は、非連続的なイノベーションを起こせないのであろうか。歴史的に見れば、画期的で非連続的なイノベーションを起こした大企業は数多く存在する。普通紙複写機を世界に先駆け開発したゼロックス、汎用性のあるメインフレームをはじめて開発したＩＢＭ、ウォークマンや３・５インチ・フロッピーディスクドライブを開発したソニーなど枚挙に暇がない。よって、実績のある大企業が、非連続的なイノベーションを起こせないとは限らないということが、これらの例からも十分に理解できるであろう。

実際、このような「企業規模や市場構造とイノベーションとの関係」についての問題は、シュンペーターの研究が嚆矢となって、今日まで、「シュンペーター・マークⅠ vs シュンペーター・マークⅡ」という構図で議論されてきた。シュンペーター・マークⅠは企業家

（entrepreneur）の役割を重視して、新興企業がその機動性からイノベーションを起こすと主張するモデルであり、シュンペーター・マークⅡは大企業のリスクテイク能力を重視して、企業規模とイノベーション遂行能力との間に正の相関関係が存在することを主張するモデルである。後者のモデルの側に立てば、イノベーションといった将来性が不透明で大きなリスク（risk：不確実性）を伴う挑戦には、大きな資本を有し独占的な地位を占める大企業でないと十分な経営資源を投入できない、ということになる。いずれのモデルにしてもどちらが実態に近いのか、多くの実証研究がなされ検証が繰り返されることでさまざまな議論が展開されてきたが、決定的な結論はまだ出ていない。現状では、企業規模や市場構造から、イノベーションが生まれやすいにくいの判断はつかないということである。

イノベーションは技術と市場の両面から類型化するとわかりやすい

日本ではイノベーションを技術革新と訳すことが多いことから、イノベーションは技術的な要素のみで決まると考えがちである。確かに新たな技術を開発して、市場に大きなインパクトを与えることができれば、経済的価値は生み出せる。だが、技術面だけでイノベーションを捉えるのは、イノベーションの本質を理解するうえで十分であるとは言えない。イノベーションの本来的意味はもっと広く、技術革新のみに限定されるものではない。イノベーションを広く「革新」と捉え、技術／生産の視点に加え、市場／顧客との関係性という2つの面から、イノベーションを類型化したのがウィリアム・アバナシー（William J. Abernathy）とキム・クラーク（Kim B. Clark）である。アバナシー＝クラークは、技術／生産と市場／顧客の2つを軸にした「変革力マップ」（図表1－2）を描くことで、イノベーションを4つに分類しそれぞれの特徴を明らかにした。

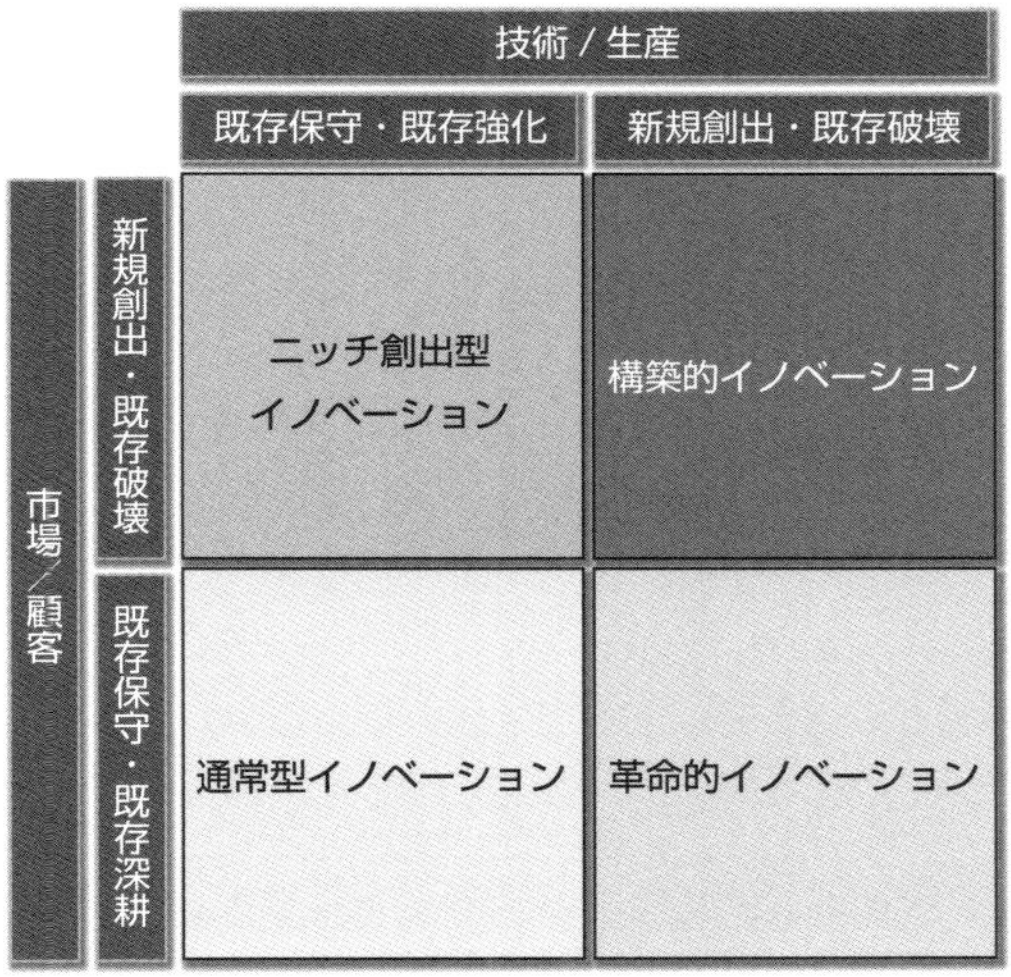

図表1－2　変革力マップ

　変革力マップでは、変革力をイノベーションが既存の資源、すなわち、技術／生産と市場／顧客の2つに与える影響と位置づけ、技術／生産と市場／顧客の2つの面においてその変革力が革新的（既存の資源に対して新規性を有する）で破壊的（既存の資源が価値を喪失する）なのか、もしくは保守的（既存の資源が価値を保持する）なのかを区分している。アバナシー＝クラークは、米国の自動車産業の盛衰をケーススタディとして用いながら、変革力マップで類型化した4つのイノベーション、すなわち、「構築的イノベーション（architectural innovation）」、「ニッチ創出型イノベーション（niche creation innovation）」、「通常型イノベーション（regular innovation）」、「革命的イノベーション（revolutionary innovation）」のそれぞれが、米国における自動車産業の発展にいかなる影響をもたらしたかを明らかにしている。

「構築的イノベーション」は、技術／生産と市場／顧客の両面で新規に創出され変革力が破壊的なイノベーションである。このようなイノベーションは産業構造を変化させ、時には新たな産業を作り出すことから、市場の潜在ニーズを認識する特性を持つ点が重要視される。こうした特性から、「構築的イノベーション」は官僚的組織といった硬直的な組織からは生まれにくく、むしろ特殊な経営環境から生まれるとされている。このイノベーションの最も適した例が、米フォードのT型フォードである。それまで自動車は、単品生産によるシステムを採り1台1台製造していたが、T型フォードは集中管理システム化した生産ラインに互換性のある部品を組み合わせることで大量生産化を実現し、新たに大衆マーケットを開拓した。このように、T型フォードはまさに技術に対する市場の潜在ニーズを顕在化させるものであった。他にも、蒸気機関車や飛行機、コンピュータの発明などは、新しい技術による新たな市場開拓を実現するイノベーションであることから、「構築的イノベーション」であると言える。

「ニッチ創出型イノベーション」は技術／生産の面では保守的であるが、市場／顧客の面で新規に創出され、破壊的な変革力を持つイノベーションである。これは既存の技術の組み合わせや統合、強化により、新たなマーケットを作り出すイノベーションであることから、技術／生産面でのイノベーションを必要としないため、他社による模倣が容易である。結果として、簡単に競争優位を失い、持続的な優位性を確立することができない難点がある。このようなイノベーションの例としては、既存のテープレコーダー技術を機動性のあるモバイル端末機能に組み込むことで、新たなマーケットを創造したソニーのウォークマンや、大型オートバイの生産技術を自転車の代替としての技術体系に持ち込み、新たに一般大衆市場の開拓を実現したホンダの小型オートバイなどが挙げられる。

「通常型イノベーション」は既存の技術／生産を強化し、しかも市場／顧客面においては、既存マーケットの深耕を図るイノベーションである。これは既存の技術や製品において、改良や改善を図るイノベーションであることから4つの中では地味で目立たないものであるが、性能向上やコスト削減において大きく寄与することからその累積効果は決して小さくはない。大規模な変革を伴うものではないが、漸進的な技術や製品の進歩によって生産性や性能向上を図ることで他社の参入を困難にし、競合他社の追随を許さなくすることから競争優位を獲得する可能性もある。このように、「通常型イノベーション」は漸進的な変革を進めることで、競争優位の構築を達成する点において重要な意味を持つ。

一方で、市場／顧客面においては既存のマーケットを開拓していくイノベーションである。「革命的イノベーション」は技術／生産面で新規に創出され、既存の技術体系を破壊するこのイノベーションは既存のマーケットを対象としながら、既存の技術体系を破壊したうえで代替するイノベーションであることから、競争に大きな影響を与えることになる。しかし、この手のイノベーションのすべてが競争において重大な影響を与えるとは限らない。なぜなら、既存の技術体系を破壊し代替するという点から、独創的で模倣が困難なイノベーションであってもそれが市場のニーズに効果的に合致しなければ、企業に成功をもたらさないからである。このように、「革命的イノベーション」は技術／生産面での破壊性が競争優位において重要であるとしつつも、一方で、市場ニーズとの整合性を図ることの重要性も強調している。この種のイノベーションの例としては、アナログに対するデジタル技術が典型である。デジタル技術は、アナログという既存の技術体系を破壊したうえでそれを代替しながら、既存のマーケットを開拓することに成功したイノベーションである。

このように、イノベーションを技術と市場の両面から捉えると、イノベーションを理解しやすい。ただ、変革力マップが技術／生産面に比べ市場／顧客面を過小評価している点について注意しなければならない。アバナシー＝クラークが、いわゆる「脱成熟化」については構築的イノベーションと革命的イノベーションのみを想定している点、また、既存の市場／顧客に技術／生産面で新規性が高いイノベーションを革命的イノベーションと名づける一方で、既存の技術／生産に市場／顧客面で新規性が高いイノベーションをニッチ創出型イノベーションと名づけている点から、市場／顧客面をあまり重視していなかったことがうかがえる。しかし、技術／生産と市場／顧客の両面において、イノベーションが与える影響に特段偏重する要素がないことから、両者を同等に評価して考えることが重要である。実際、アバナシー＝クラークのモデルは、タッシュマン＝アンダーソン（Tushman and Anderson）に受け継がれたが、その後、ヘンダーソン＝クラーク（Henderson and Clark）、クリステンセンなどの研究へと進むにつれて、技術／生産面に劣らず、市場／顧客面における重要性が認められるようになっていった。

イノベーションはどのようなきっかけで生み出されるのか

そもそもイノベーションはどのようなきっかけで生み出されるのであろうか。概してイノベーションは、「技術」や「市場」もしくは「需要」が誘因となって誕生する。前者は「技術圧力型（テクノロジー・プッシュ）」、後者は「市場牽引型（マーケット・プル）」または「需要牽引型（ディマンド・プル）」として知られている。

「技術圧力型」は、科学的発見による新しい技術もしくは漸進的な技術の進歩が、新たな製品やサービスの開発を刺激し、新市場の形成や潜在需要の開拓を促すといった技術ありきの考え方である。技術面における可能性を追求しようとする好奇心や技術的な限界を突破しようとする探求心こそが、その原動力となる。

セイコーエプソンの高精細ＩＪプリンタ（InkJet Printer：インクジェットプリンタ）も、こうした科学者や技術者の好奇心や探求心が原動力となって開発された製品である。セイコーエプソンは積層型ピエゾ素子の活用により、従来型の10分の1程度の大きさでありながら、少ない電圧で微量のインク滴でも真っ直ぐに吐き出すことができるマッハ（ＭＡＣＨ）印字ヘッドの実現に成功した。このピエゾ式ＩＪ技術の開発をセイコーエプソンは１９７０年代から取り組んできたが、ダウンサイジングが難しく、おまけにコストが高いという難題を抱えていた。しかし、セイコーエプソンの技術者は、オランダのフィリップスが所有していたＭＬＰ（Multi Layer Piezo：積層ピエゾ）の技術をヒントに、ＭＬＰを用いた印字ヘッドの開発を試みた。彼らは、ＭＬＰの完成度を徐々に高めながら、ついにはさまざまな課題を克服しＭＬＰヘッドを搭載したプリンタの製品化にこぎつける。こうして、１９９３年に発売したのがピエゾ方式のＩＪプリンタであった。ＭＡＣＨヘッドの名称で、セイコーエプソン初のコンシューマ向け製品として市場に投入された。発売後も改良や改善を重ね、高精細フルカラー化やさらなるコストダウンの実現を図ることでシェアを伸ばし、それまでプリンタ市場を席巻していたバブルジェット方式を抑え、キヤノンからトップシェアを奪還することに成功した。このような成功の背景には、まさに技術者による技術開発の可能性を追求しようとする好奇心や、技術的な限界を突破しようとする探求心があった。

一方、「市場（需要）牽引型」はイノベーションの誕生を促す誘因を市場（需要）と捉え、市場ありきを前提とした考え方である。すなわち、市場主導型のイノベーション・プロセスとして、人口構成や所得水準の上昇など、市場における何らかの変化が新製品やサービスの創出を促すという考え方である。また、需要による研究開発が触発されるケースとして市場ニーズを探し出し、そうしたニーズを満たし実現したりする製品やサービスの新たなる開発を促すものである。ここでは市場のニーズを識別し、潜在需要をいかに読みとるかが重要なポイントとなることから、マーケティングが果たす役割は極めて大きい。それゆえ、企業のマーケティング力が試されることになる。

イノベーションはどのように普及していくのか

イノベーションは普及してこそイノベーションである。普及しなければ、それは単なる発明（invention）や思いつきにすぎない。それでは、イノベーションの普及とはいかなるものので、どのような意味を持つのであろうか。

普及をイノベーションの一部として捉え、イノベーションの普及には2つの事象が含まれることを示唆したのは、エベレット・ロジャーズ（Everett M. Rogers）である。ロジャーズが示した事象のひとつは、新たに創出された革新的な製品やサービスを購入する主体、すなわち、個人や組織といった消費者が増えるという意味での普及であり、需要サイドにおける「浸透」としての普及を意味する。もうひとつは、そのような製品やサービスを提供する主体、つまり、競合他社が増えるという意味での普及であり、供給サイドにおける「模倣」や「流出」としての普及を意味する。浸透としての普及は、まさにイノベーションの成功や失敗を決定づけ、また模倣や流出としての普及は、イノベーションから生み出されるマージンの配分を決定づけるものである。

イノベーションが普及していく過程では、イノベーションは社会システムの構成員、すなわち、消費者やサプライヤーなどの間で経時的に伝達されていく。そのためイノベーションが普及する過程においては、消費者やサプライヤーなどの社会構成員による伝達が重要な要素となる。このようなイノベーションの普及は、伝達というコミュニケーション過程を通して、社会変動を引き起こす力を持っている。

ロジャーズはイノベーションが普及する到達点として、社会変動に着目した。そもそも社会変動、すなわち社会構造が変動する過程には、3つの連続した段階が存在する。新しいアイディアが創造され開発される過程、すなわち「発明」の段階、新しいアイディアが

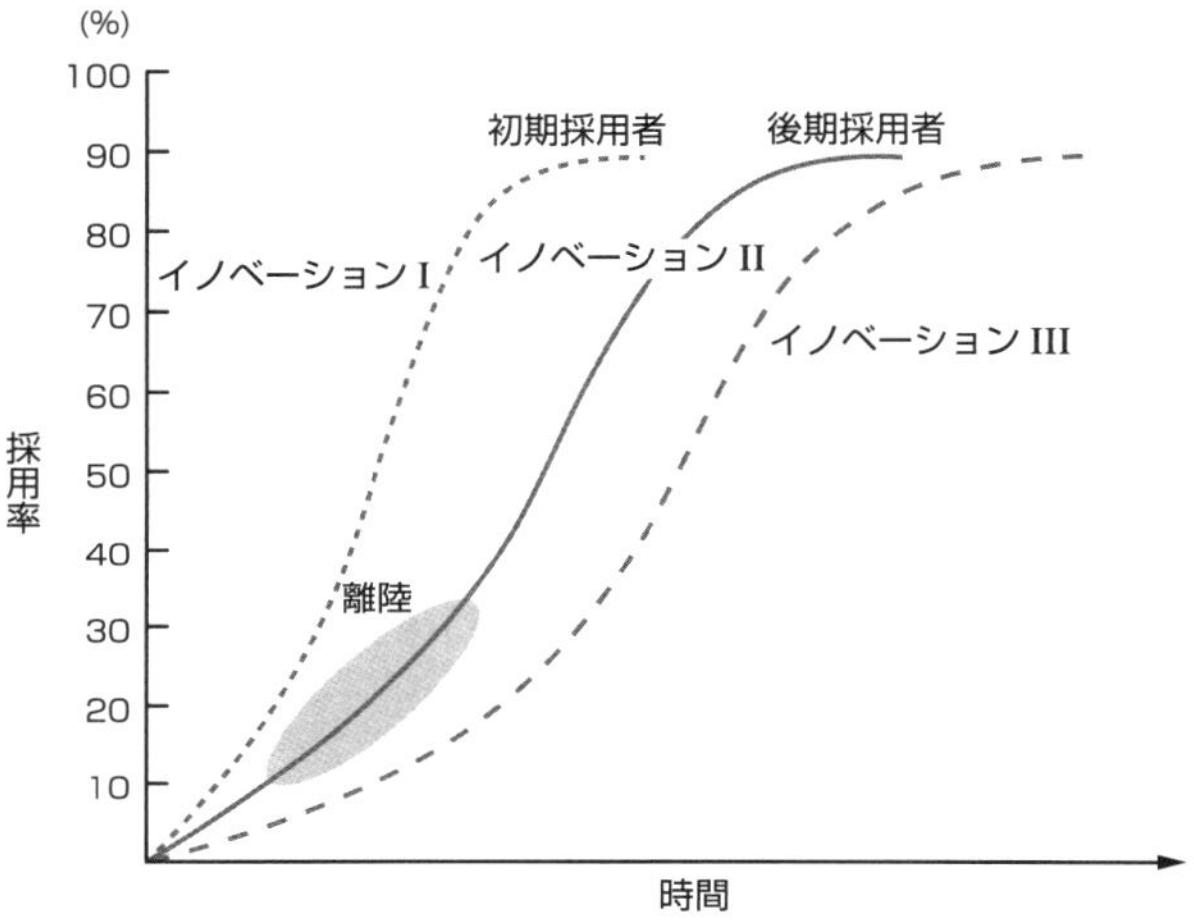

図表 1-3　イノベーションの普及過程

出典：ロジャース著『イノベーションの普及』より作成

社会システムの社会構成員に伝達される過程、すなわち「普及」、さらには、イノベーションの採用または拒否の結果として社会システム内で生じた変動、すなわち「結果」の段階の3つである。社会変動を引き起こす力を持つイノベーションの普及過程において、社会構成員間における伝達が果たす役割は大きいが、ロジャーズは「普及率16%の論理」を提唱して、「アーリーアダプター(Early Adopters：初期採用者)」による伝達が普及に大きな役割を果たすという意味で極めて重要であることを明らかにしている。

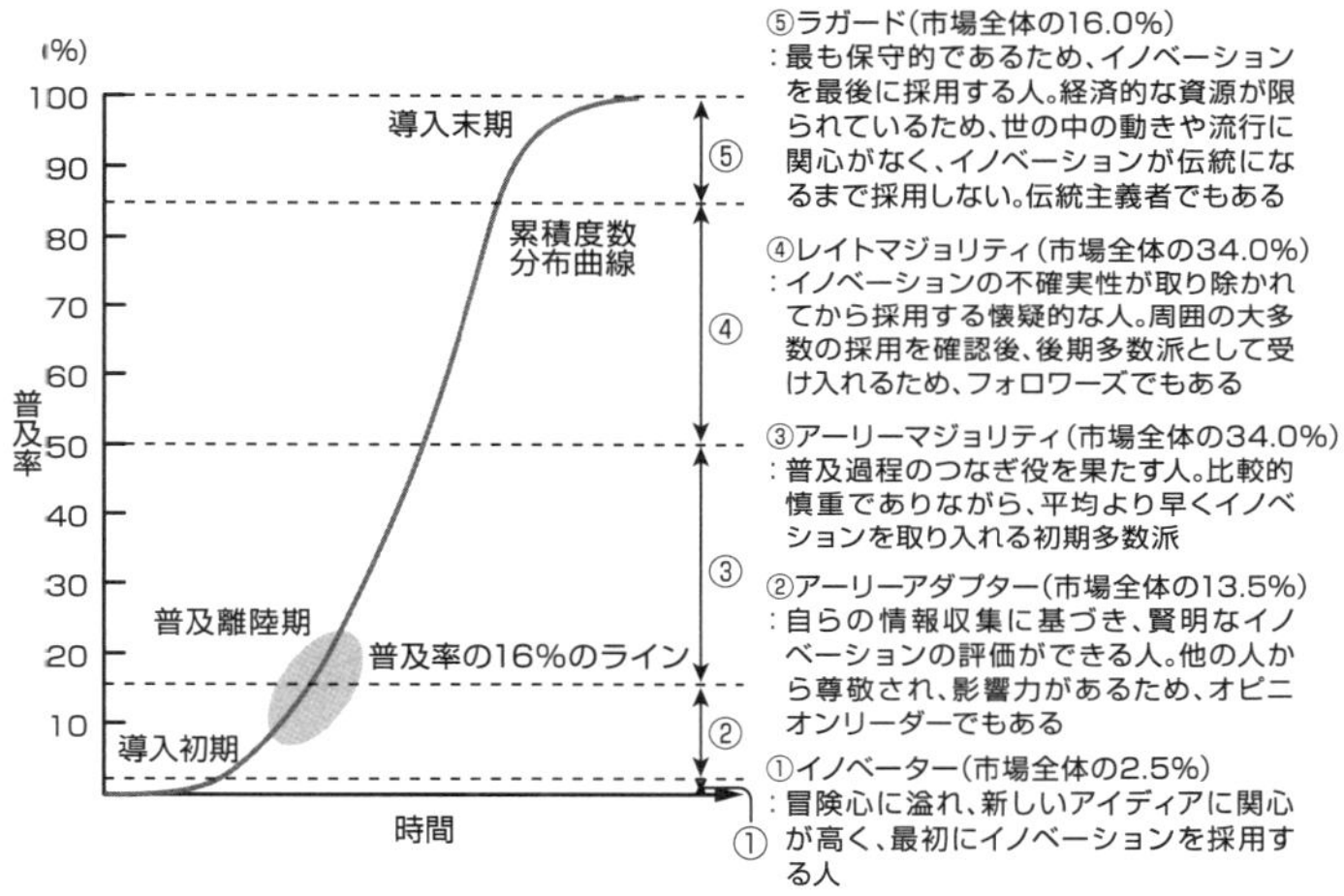

図表1–4　革新性に基づいた採用者カテゴリー

出典：ロジャース著『イノベーションの普及』より作成

イノベーションが普及する過程において新しい製品やサービス、技術は、最初は時間をかけながら立ち上がり、次々と採用されていくことで普及が加速し、やがて成熟し飽和へと向かうことから、S字型の曲線を辿る（図表1－3）。これは、マーケティングで言われる製品ライフサイクルである。だが、こうしたきれいなS字型の曲線を辿るのは、あくまでも理念的な過程にすぎず、実際の普及過程はもっと複雑であり多様な形態をとる。

　この過程は、「イノベーター（Innovators：革新者）」と呼ばれる革新的なものを受け入れる少数の買い手から始まる（図表1－4）。イノベーターは最も革新的ではあるが、少数であるうえに感性や価値観が社会の平均からかけ離れ過ぎているため、全体に対する影響力はあまり大きくはない。このイノベーターに続いて製品を受け入れるのが、アーリーアダプターである。イノベーターが製品の新しさそのものを重視するのに対し、アーリーアダプターは製品が買い手に与える新たなる価値に注目するため、他の買い手に対する影響力が大きい。そのため、アーリーアダプターはこの新たなる製品価値を自らのネットワークを通じて他の買い手に伝達していく。イノベーションの普及は、こうしたイノベーターやアーリーアダプターを合わせた層に普及した段階、すなわち普及率が16％を超えた段階で急激に普及し拡大する。そのためこの層は、「オピニオンリーダー」、「インフルエンサー」、「マーケットメーカー」とも言われ、この層まで普及するか否かが、次の普及段階である「アーリーマジョリティ（Early Majority：初期多数派）」や「レイトマジョリティ（Late Majority：後期多数派）」に広がるかどうかの分岐点になるという意味で重要な意味を持つ。

この「普及率16％の論理」に対し、ハイテク産業の分析から、アーリーアダプターとアーリーマジョリティとの間には容易には越えられない大きな「キャズム（chasm：深い溝）」

が存在することを示したのが、ジェフリー・ムーア（Geoffrey A. Moore）である。ムーアは自らが展開するキャズム理論の中で、このキャズムという深い溝を越えることができなければ、普及に失敗し市場からの撤退を余儀なくされることから、アーリーアダプターに加えアーリーマジョリティをも捉えるマーケティングを展開することが重要であると説いている。

たとえばタブレット市場を見てみると、タブレットが名実ともに普及したのは２０１０年以降であるが、その歴史は意外と古い。１９９０年代のタブレットＰＣ構想から始まり、２０００年代前半には、マイクロソフトがスタイラス機能を搭載した「Windows XP Tablet PC Edition」を発売した。これを契機に東芝（「DynaBook SS 3500」）や富士通（「FMV-STYLISTIC TB93/B」）といったメーカー各社がこの機能を搭載したタブレットＰＣを製造し発売する。さらに、２０００年代後半にはLenovo（「ThinkPad X60 Tablet」）やデル（「Latitude XT」）、ＨＰ（「TouchSmart tx2」）などが、指による操作を可能にしたタッチパネル搭載機により参入したが、販売価格がノートＰＣ（パーソナルコンピュータ）よりも高かったことや、アプリやデジタルコンテンツを供給するプラットフォームが構築されていなかったことなどから、キャズムを越えることはできなかった。

しかし、2010年のiPad発売により、低価格に加え豊富なアプリやデジタルコンテンツの供給といった新たなる価値を顧客にもたらしたことで、タブレット市場が注目されタブレットの普及が進んでいく。また、アップルに追随して、グーグル（「ネクサス7」）やマイクロソフト（「サーフェス」）、サムスン（「ギャラクシータブ」）といった競合他社が、タブレット市場のマージン獲得を目指して市場に次々と参入したため、供給サイドの普及も進んでいった。このように、iPadの発売が普及の契機となりキャズム突破に大きく寄与したことがうかがえる。

イノベーションが普及していく要因とは

イノベーションが市場に浸透し普及していく要因には、「製品やサービスそれ自体」と「製品やサービスを受け入れる社会システム」の2つの面から、その特性を考える必要がある。なぜなら、イノベーションの普及は製品やサービス固有の客観的な特性だけでは決まらないからである。新しい製品やサービスが市場や社会に投入されると市場や社会システムの中での評価が進み、やがてその製品やサービスの機能性や信頼性、利便性、価格などが変化していく。そのためイノベーションは、さまざまなパターンで普及が進んでいく。

製品やサービスそのものの特性における重要な要素として、ロジャーズは製品やサービスの「相対的優位性」、「両立可能性」、「複雑性」、「試用体験」、「可視性」の5つを挙げている。

「相対的優位性」とは、あるイノベーションが従来のイノベーションより便益が高いと知覚される度合いを意味する。新しい製品やサービスの便益の大きさは普及の度合いを左右し、便益が大きいと多くの顧客が感じれば、その製品やサービスは早く広く普及する。その際、便益の有り無しを判断するのは顧客であり、その大小は顧客の主観によって決まる。顧客は便益を経済的価値や利便性、ステータス、心地良さなどから判断する。だが、製品やサービスが導入される初期の段階では、新規性や多くの不確実性が伴うことから便益の評価は難しい。そこで、こうした新規性や不確実性を受け入れることのできる少数派、すなわちロジャーズが普及段階で示したアーリーアダプターが、その製品やサービスの便益を伝播することでその評価を広めていく役割を果たす。普及の立ち上がりは、こうしたオピニオンリーダーの存在により支えられていく。このように、相対的優位性はイノベーションの普及において不可欠な要素であると考えられる。

「両立可能性」もまた普及を左右する特性として重要な要素である。これは、イノベーションが採用者の既存の価値観や過去の体験、必要性と相反しないと知覚される度合いで、当面は従来利用していたものと併用したり、両立したりできるかが要件となる。社会システムの価値観や規範と両立可能なイノベーションは、両立しないイノベーションよりも速やかに普及する。両立不可能なイノベーションが採用されるには、それ以前に新しい価値制度の採用が必要になる場合があるが、その制度自体が普及するには時間がかかる。

「複雑性」は、新しい製品やサービスを理解したり使用したりするのが相対的に困難であると感じる度合いを意味する。すなわち、その製品やサービスがわかりやすいかどうかである。顧客が新しい使い方や操作方法を身につける必要がある製品やサービスよりも、簡単に理解できるようなわかりやすい製品やサービスのほうが、イノベーションとしては早く普及する。たとえば、マイクロソフトのＯＳであるビスタ（Vista）は切り替えが非常に複雑だったため、その採用を断念するウインドウズＸＰ（Windows XP）ユーザーが多かった。このようにイノベーションの普及度合いを左右することから、複雑性は重要な特性のひとつである。

「試用体験」、すなわち企業が新しい製品やサービスを顧客に試す機会を用意することも、イノベーションの普及には重要な意味を持つ。試用体験の機会が与えられる製品やサービスのほうが、与えられない製品やサービスよりも早く採用される。新着品の試着や試用、新車の試乗などは新たな製品やサービスの理解を深める。たとえば、ユニクロの防寒機能ウェアであるヒートテックは、試着してはじめてその柔らかい吸湿発熱繊維の暖かさを肌感覚で体感できるし、トヨタのハイブリッド車であるプリウスは、試乗してはじめてエンジン騒音の低さを知覚でき減速時のインバータ音を楽しむことができる。試用可能な製品やサービスには不確実性が少ないことから、購入を考えている顧客にとってはその製品やサービスを使用しながら学び、理解を深めることが可能となる。

「可視性」は、新しい製品やサービスを採用しているさまが他の顧客にも見える度合いを意味する。新しい製品やサービスがどのようなものであるかを観察するのが容易であればあるほど、その製品やサービスは採用されやすい。なぜなら、イノベーションの結果を観察するという可視性は、その製品やサービスの評価情報をやりとりするというコミュニケーションを促進するからである。たとえば、家庭用デスクトップPCは、主に家庭内に閉じて利用されるため相対的に観察可能性が低い。よって、このようなイノベーションの普及度合いは、必然的に緩慢なものとなる。

概して、相対的優位性や両立可能性、試用体験、可視性が高く、複雑性の低い製品やサービスは、そうでないものよりも速やかに採用される。ロジャーズは過去の調査結果から、これら5つの特性はイノベーションの採用速度を説明するのに重要であり、中でも、特に「相対的優位性」と「両立可能性」が最も重要な特性であると示唆している。

イノベーションはどのように進化していくのか

イノベーションはどのようにして進化していくのであろうか。イノベーションは産業の成熟化とともに進化を遂げる。すなわち産業が、「流動期（fluid stage）」、「移行期（transitional stage）」、「固定期（specific stage）」という3つの段階を経て変化していく過程において、イノベーションもまた進化しその姿を変えていく。このような考えを明らかにしたのが、アバナシーとアッターバックである。アバナシー＝アッターバックは、製品と生産技術の組み合わせによる進化の過程は、産業が変化するこれら3つの段階を通して、大きな変化を受け入れることのできる流動的なものから追加的な小さい変化のみを受け入れることが可能なより固定的なものへと移行していくことを解明した（図表1－5）。

産業の「流動期」においては製品そのものがまだいかなるものであるか、そのコンセプト自体が明確に定まっていない。そのため、製品や技術の方向性が不明確であり、製品と

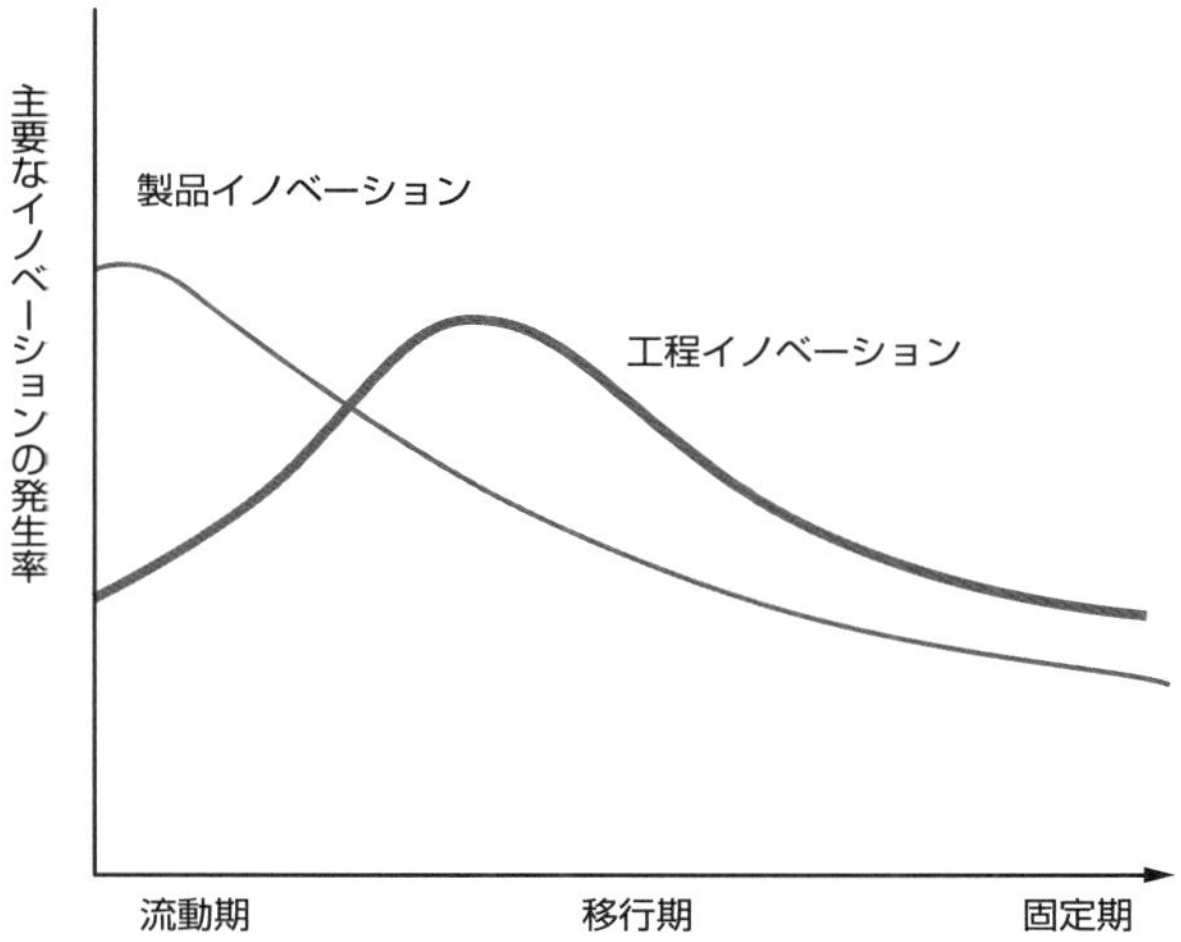

図表 1-5　イノベーションの進化モデル

出典：アッターバック著『イノベーション・ダイナミックス』より作成

していかなる機能を重視し、またいかなる最適な生産技術や方法はいかなるものであるかが見えていない。ユーザーもまた明確な評価基準がないため、製品をどのように評価したらよいかわからず試行錯誤で評価せざるを得ない。こうした流動期においては、製品技術が不確実なことから生産プロセスの柔軟性が必要とされるため、特定の生産プロセスを見極めコミットすることができない。したがって、流動期には工程イノベーション（process innovation）はほとんど生まれず、製品イノベーション（product innovation）のみに技術開発の努力が向けられることになる。

産業が流動期から「移行期」に移るにつれて、企業と市場において製品に関する理解度が深まり知識が蓄積されていく。そして、製品や生産技術の方向性が定まり製品コンセプトが固まるようになると、「支配的なデザイン（dominant design）」が現れる。支配的なデザインが登場すると、製品としての主たる機能やそのために必要な要素技術が明確になる。そのため、移行期では製品イノベーションは、確定された機能向上に主たる努力が傾注されることになることから、需要に応じて生産プロセスを実現していくことが重要となる。したがって、イノベーションはその焦点を製品から工程へとシフトしていく。

移行期から最終段階の「固定期」になると、すでに確立された製品に加え生産プロセスもまた確立されていくため、製品と生産プロセスは切り離すことのできない密接な関係を築くようになり、お互いの変化を受け入れることが困難になる。イノベーションは必然的に改良や改善といった漸進的なものへと変化し、品質の向上やコストの改善に企業努力が傾注されるようになる。生産性の向上を図るといった改善型の小さなイノベーションは生まれるものの、大きなイノベーションは起こりにくくなる。このような現象を、アバナシー＝アッターバックは「生産性のジレンマ（productivity dilemma）」と呼んだ。

このように、イノベーションは産業の発展とともに進化する。すなわち、産業の成熟化に伴い、製品や工程などイノベーションに関わるあらゆるものが成熟化していくことで、イノベーションは進化を遂げる。ただし、このような考えはあくまでも量産の組立型製品を想定したケースであるため、すべての分野の製品に当てはまるものではない。半導体のように、工程イノベーションが製品イノベーションを牽引していくケースも存在する。

脱成熟化が非連続的イノベーションをもたらす

産業が固定期に入り製品に対する習熟や慣れが出てくると、製品への嗜好や興味の変化、さらには技術的アプローチの新たなる発見が起こり、再度流動期に戻るケースがしばしば存在する。アバナシー＝クラークらが「脱成熟化（de-maturity）」と呼んだ現象である。脱成熟化が起きると固定化された製品や生産の技術は陳腐化するため、イノベーションが再度活発化する。すなわち、脱成熟化が画期的で非連続的なイノベーションを引き起こす要因となる。このように、産業の固定期では追加的な小さい変化である連続的イノベーションが数多く起こるが、ある時期に達すると脱成熟化により新たな技術が登場し非連続的なイノベーションが起こる。

ただ、アバナシー＝クラークのモデルで注意しなければならないのは、彼らが脱成熟化を想定していたのは、変革力マップ（図表1－2）における構築的イノベーションと革命的イノベーションという技術／生産面のみであったため、市場／顧客面の重要性を重視していなかった点である。確かに、蒸気機関車が電気機関車へ、また、真空管が集積回路へと移行したように、新しい技術が旧い技術に取って代わる事例は多い。だが、脱成熟化の対象は新しい技術だけに留まるものではない。産業の成熟化とともに、市場／顧客面においても脱成熟化による非連続的なイノベーションは起こる。

たとえば、携帯電話市場におけるガラパゴス携帯（ガラケー）からスマホへの移行である。携帯電話市場は、iPhoneが市場に投入される2007年までに、日本や欧米の先進国においては、普及率はほぼ飽和状態に達していた。特に、欧州ではイタリアを筆頭に軒並み普及率が100％を超えていた。すでにガラケーで利用できる機能は固定化し、企業は品質向上やコスト改善に傾注していたため、生産性の向上を図るといった漸進的なイノベーションが生まれるのみであった。このような産業の固定期に、まさに脱成熟化としてスマホ市場は誕生した。新たに創出されたスマホ市場では、ハードウェアキーボードからソフトウェアキーボードへとユーザーインターフェイスが大きく移行し、楽曲や映画、電子書籍、ゲームなどのデジタルコンテンツやアプリケーションを自由に楽しめるといった新たなる機能が数多く誕生した。だが、このようにスマホが画期的な新しい製品であったとしても、その多くの技術は既存の技術の転用によるものであった。

連続的イノベーションによる進化は企業の戦略的行動

アバナシー＝クラークの変革力マップで示したように、構築的イノベーション、ニッチ創出型イノベーション、革命的イノベーションの3つのイノベーションは、導入後においてすべて通常型イノベーションへ移行していく。このように非連続的イノベーションは導入後、連続的イノベーションへと移行していくのである。こうした移行は技術を応用する可能性が増大することから、企業の戦略的な行動であるとも言える。

経済や社会、市場、企業間競争などに大きなインパクトをもたらすのは非連続的イノベーションである。なぜなら、既存概念の変革という点で、非連続的イノベーションが果たす役割は大きいからである。グーグルが考案した検索エンジン、アップルが開発したiPod

やiPhone、iPad、アマゾンが展開したパーソナライゼーションやレコメンデーションなどは、人々の生活を大きく変え多大な経済効果をもたらしたばかりか、そのサクセスストーリーは後続の企業家たちに大きな影響を与え、彼らを魅了した。

しかし、非連続的イノベーションのこうした創造的破壊だけでは、それ以上の発展は期待できない。非連続的イノベーションが進化し、連続的イノベーションといった改良や改善が行われることで、はじめて普及の度合いは高まり、イノベーションとしての成果は上がる。連続的イノベーションとしての個々の効果は小さいものの、漸進的な積み重ねにより累積的な効果が高まれば、時には非連続的イノベーションを上回ることもあろう。さらには、漸進的なイノベーションの蓄積により製品技術や生産技術が進歩すれば、新たな非連続的イノベーションにつながる可能性もある。このように連続的イノベーションは、非連続的イノベーションとその果たす役割は異なるものの、視点を変えてみれば互いに異なる大きな役割を担っている。

イノベーションは自社のリソースだけでなく外部のリソースを活用しても生み出せる

従来、企業は自社で優秀な人材を数多く抱えて、自前主義で製品やサービスを開発することが、自社に大きな収入と利益をもたらすものであると考えられてきた。しかし、技術や市場が急速に変化するソフトウェアやハードウェアなどの業界では、こうした自前主義の考え方が必ずしも収益の最大化につながるとは限らない。製品のライフサイクルの短命化やコモディティ化により、企業内に閉じたイノベーションの開発には限界があることから、組織の枠を越えて、外部からも積極的にアイディアや技術などのリソースを募って、価値を創造し獲得することが重要である。このような考えを主張し、自身の理論としてオープンイノベーション（open innovation）を提唱したのが、ヘンリー・チェスブロウ（Henry Chesbrough）である。

チェスブロウは、オープンイノベーションが「自社のテクノロジーを発展させたいのなら、社内のアイディアとともに社外のアイディアも活用できるしそうすべきだということ、そして市場への進出にも、社内とともに社外を経由したルートを活用すべきだということを想定したパラダイムである」と示唆している。つまり、チェスブロウは、画期的な製品やサービスを新たに生み出し利益を得るために、外部のアイディアや開発力などにも目を向けこれらを活用すべきであり、また、自社の知的財産権を他社に使用させることで新たな市場化への道を開拓すべきであるという、いわゆるイノベーションを創造するための新たなパラダイムこそがオープンイノベーションであると論じている。

オープンイノベーションは、そのプロセスにおいて、社内と社外の双方のアイディアを結合してアーキテクチャやシステムにまとめ、その要件を定めるためにビジネスモデルを活用することから、チェスブロウは、ビジネスモデルをオープンイノベーションにおける重要な骨格のひとつとして位置づけている。ビジネスモデルは、企業が社内外のアイディアを活用してバリューチェーンの中で価値を創造するとともに、その価値の一部を獲得するための社内メカニズムを築くものである。つまり、企業がどのようにして価値を創造し獲得するかを規定するメカニズムこそがビジネスモデルであり、オープンイノベーションにおいていかなる技術を外部から活用するかはビジネスモデル次第となる。

チョスブロウが指摘するように、オープンイノベーションの根本的な前提は、役に立つ知識が広く分散している点にある。従来に比べより分散的なイノベーション環境において、社外重視の視点が必要とされていることは明らかである。それでは、オープンイノベーションはどの産業にも適用できるのであろうか。この点についてチョスブロウは、先行研究から、オープンイノベーションが特に適しているのは、イノベーションが、価値の創造や獲得において重要な役割を果たすハイテク産業であることを暗示している。このことは、オープンイノベーションの理論を適用できる範囲を指し示すものであるが、オープンイノベーションというパラダイムの限界を示唆するものでもある。

また、チョスブロウは、従来のイノベーションモデルをクローズドイノベーション(closed innovation)と称し、これと対峙するかたちでオープンイノベーションの新たなる解釈や視点を提示している。たとえば、クローズドイノベーションでは、社外の知識は重要であるものの、それはあくまでも補完的な役割を果たすものとして捉えていたが、オープンイノベーションでは、社外の知識は、従来の理論で社内の知識に与えられていたものと同等の役割を果たすものであると捉えている。他にも、クローズドイノベーションのコンセプトが目的にかなう知識や技術の流出を認めなかったのに対し、オープンイノベーションでは技術の流出を認めることで、外部チャネルとは競合関係に立つものの、社内では市場に辿り着くための明確な方向性が見えていない技術にも外部チャネルを追求するチャンスを与えることができる点について示唆している。こうした視点や解釈は、従来のイノベーション理論との違いを表すものであることから、チェスブロウは、オープンイノベーションがイノベーションを理解するための新たなるパラダイムと考えるのに正当な根拠を十分に内包するものであると主張している。

イノベーションは先進国から途上国への普及だけでなく途上国から先進国にも普及する

イノベーションは先進国といった富裕国に始まり、やがて途上国といった貧困国や新興国に普及するというのが、かつての一般的なイノベーションが辿る流れであった。歴史的に見ても、グローバル企業は自国、すなわち先進国で富裕層の顧客向けに作ったグローバル製品に機能面で幾つかの修正を施し、ローエンド（低価格）モデルとして途上国へ輸出していた。これは、グローカリゼーション戦略と呼ばれ、従来多くの企業がこの戦略を採用していた。

しかし、顧客ニーズや生活習慣、所得水準、社会インフラなどが異なる新興国では、元来先進国の富裕層向けに作った製品を多少カスタマイズするだけでは、幅広く受け入れられるはずはない。その代わりに必要なのが、新興国市場の顧客を念頭に置き、白紙の状態からイノベーションに取り組むことである。このように、途上国で最初に採用されたイノベーションをリバース・イノベーション（reverse innovation）と呼び、リバース・イノベーションの生成過程や現象を論じたのが、ビジャイ・ゴビンダラジャン（Vijay Govindarajan）とクリス・トリンブル（Chris Trimble）である。

リバース・イノベーションの最たる特徴は、途上国で生まれたリバース・イノベーションが、先進国へと逆流して成功を収めることである。リバース・イノベーションでは、機能がシンプルでローエンドの製品を新興国で開発し、新興国市場のみでなく先進国の市場にも販売することを目指すものである。先進国のグローバル企業にとって途上国での製品開発、製造、販売といった考えは、これまでにもマーケティング手法や経営戦略として存在した。すなわち、新興国市場での安かろう悪かろうといったローエンド型製品の開発や販売、先進国から途上国への生産拠点のシフト、現地化戦略などである。だが、リバース・イノベーション戦略は、これらの手法や戦略とは一線を画すものである。なぜなら、リバース・イノベーション戦略では、新興国市場の顧客を見据えて、事業をゼロから立ち上げイノベーションに取り組み事業展開を図るため、経営改革を伴うからである。

そもそもリバース・イノベーション戦略は、グローカリゼーション戦略と対極に位置する考え方である。グローカリゼーション戦略では、画一的な製品をいかに効率良く量産してグローバル展開するかが重要視されるため、研究開発、調達、製造、マーケティングなどの主要な機能を本社に集中させ、中央集権的な組織構造の構築が図られる。多くのグローバル企業は、グローカリゼーションの最大の効果を発揮するために、富裕国に拠点を置く本社に権限を集中させ、こうした中央集権的な組織構造を進化させることに邁進してきた。だが、リバース・イノベーション戦略では、新興国市場に焦点をあてながら製品化を進め、事業を展開していくことになるため、現地の実働部隊にすべての権限を委譲し、戦略展開を図ることが重視される。よって、リバース・イノベーション戦略の遂行においては、権限分散型の組織構造の構築が求められる。

このように見てくると、厳格なる統制下でのグローカリゼーションへの集中は、リバース・イノベーションにとっては克服しがたい障壁となる。リバース・イノベーション戦略を遂行するには、リバース・イノベーションにとっての最大のハードルである組織上の障壁、すなわち経営改革を断行して、これまでの中央集権的な組織構造を取り払う必要がある。ゴビンダラジャンらは、こうした組織上の障壁を取り払う方法として、特別な組織単位をつくることが肝要であると説いている。彼らは、特別な組織単位として、「LGT

（Local Growth Team：ローカル・グロース・チーム）」を立ち上げ、戦略を立案し製品やサービスを開発するために、一通りの事業運営能力と幅広い権限を持たせること、また、新興国市場に物理的に所在する小さな機能横断型の企業家的な組織単位として機能させることが重要であると論じている。

ただ、ここで注意が必要なのは、ＬＧＴが「既存の制度と戦う」急進的で組織的なソリューションではないことである。ＬＧＴの必要性を受け入れることは、既存組織に楔を打ち破壊することではない。ＬＧＴはあくまでも補助的な組織であり、既存組織を代替するものではない。このことは、リバース・イノベーションがグローカリゼーションに置き換わるものではないことに通じる。ゴビンダラジャンらが説くように、重要なのは、どちらか一方ではなく、グローカリゼーションとリバース・イノベーションの両方を成功させることである。一つの企業が両方の戦略を同時に用いるのは十分に考えられることである。両者を成功に導くためには、グローカリゼーションとリバース・イノベーションとの単なる共存を図るのではなく、両者が協力し合うことが必要不可欠なのである。

▶参考文献

1 Schumpeter, J. A. (1983) *Theory of Economic Development: An Inquiry into Profits, Capital, Credit, Interest and the Business Cycle*, Cambridge: Harvard University.

2 Rosenberg, N. (1983) *Inside Black Box: Technology and Economics*, Cambridge University Press.

3 Christensen, M. C. (1997) *The Innovator's Dilemma: When New Technologies Cause Great Firms to Fail*, Boston, MA: Harvard Business School Press.

4 Christensen, M. C. (2003) *The Innovator's Solution: Creating and Sustaining Successful Growth*, Harvard Business School Press.

5 Freeman C. (1982) *The Economics of Industrial Innovation* (2nd. ed.), London: Frances Printer.

6 Abernathy, W. J. and K. B. Clark (1985) "Innovation: Mapping the Winds of Creative Destruction," *Research Policy*, Vol. 14(1), pp. 3-22

7 Tushman, M. L. and P. Anderson (1986) "Technological Discontinuities and Organizational Enviroments," *Administrative Science Quarterly*, 31, pp. 439-465.

8 Henderson, R. M. and K. B. Clark (1990) "Architectural Innovation: The Reconfiguration of Existing Product Technologies and the Failure of Established Firms," *Administrative Science Quarterly*, 35(1), pp. 9-30.

9 Christensen, M. C. and R. S. Rosenbloom (1995) "Explaining the Attacker's Advantage: Technological Paradigms Organizational Dynamics, and the Value Network," *Research Policy*, 24, pp. 233-257.

10 Christensen, M. C. and J. L. Bower (1996) "Customer Power, Strategic Investment, and the Failure of Leading Firms," *Strategic Management Journal*, 17, pp. 197-218.

11 Rogers E. M. (1983) *Diffusion of Innovations*, New York: Free Press.

12 Moore G. A. (2002) *Crossing the Chasm: Marketing and Selling Disruptive Products to Mainstream Customers*,

HarperBusiness.

13 Abernathy, W. J., K. Clark and A. Kantrow (1983) *Industrial Renaissance: Producing a Competitive Future for America*, New york: Basic Books.

14 Abernathy, W. J. and J. M. Utterback (1978) "Patterns of Industrial Innovation," *Technology Review*, 80(7), pp. 40-47.

15 ヘンリー・チェスブロウ著『オープンイノベーション——組織を越えたネットワークが成長を加速する』（英治出版・２００８年）

16 ビジャイ・ゴビンダラジャン&クリス・トリンブル著『リバース・イノベーション』（ダイヤモンド社・２０１２年）

第2章

非連続的イノベーションから連続的イノベーションへとシフトするアップルのイノベーション

アップルが創り出したイノベーションとは

アップルは創業後1年という短い期間で非連続的イノベーションの開発に成功した。1977年に開発されたアップルⅡがそれである。アップルⅡはアップルⅠのような単なるコンピュータ基盤とは異なり、キーボードとディスプレイが本体と一体となったデスクトップ型のＰＣであった。世界に先駆けて開発したこの画期的なＰＣは、テキストや画像をデジタル化してドキュメントを作成するといった新たな「価値基準」を顧客にもたらしたという点で、過去に類を見ない製品であった。こうしてアップルⅡは、それまでにない画期的なＰＣとして市場に受け入れられ普及していく。

このアップルⅡの成功により、アップルも数多の優良企業と同様にイノベーションのジレンマに陥り、長きにわたってＰＣという次元で既存製品の改良や改善を進めるという連続的イノベーションを展開していくことになる。アップルはＰＣの主流市場を自社の主戦場と位置づけ、ＰＣのアップデートやアップグレードに邁進し、アップルⅢやリサ、マッキントッシュと次々に新機種を開発し、より性能が高くより機能性に富んだＰＣを市場に送り出していく。中でも、1984年に製品化したマッキントッシュは、アップルをＰＣ市場におけるリーダーの地位に押し上げた。スティーブン・ポール・ジョブズ（Steven Paul "Steve" Jobs）がプロジェクトリーダーを務めたこのマッキントッシュの開発には、無制限の開発費と人件費が投入され、グラフィックやウェブなどのデザイン分野、さらには音楽や映像分野において、ユーザー個人の使い勝手を重視した設計思想が反映された。こうしたコンセプトがハイエンドの顧客を魅了し、マッキントッシュは高価格でも売れる製品として市場を席巻した。

しかし、その後、類似機能を備えた競合機種が、マイクロソフトのウインドウズＯＳを搭載してマッキントッシュを追随するようになる。競合製品はマッキントッシュに比べると性能は劣っていたものの低価格に設定されていたため、ＰＣ市場において十分受け入れられるものであった。やがてウインドウズＯＳの改良とともに競合製品の品質も高められ、マッキントッシュを脅かす存在となる。ついにはウインドウズ95の登場により、機能や性能面でマッキントッシュと同等かそれ以上のレベルに達したことで、アップルの優位性が崩壊しＰＣ市場でのリーダーとしての地位を失うことになる。

こうした状況に呼応するかのように、アップルは１９９０年代以降に、連続的イノベーションから脱却する試みを図る。それは、ＰＤＡ（Personal Digital Assistant：携帯情報端末）

であるニュートン・メッセージ・パッド（Newton Message Pad：ニュートン）の開発であった。ニュートンは、機動性やスタイラス機能といった面から従来のコンピュータ端末のコンセプトを逸脱した製品となりうるか、もしくはノートＰＣに取って代われる可能性を秘めていた。だが、ニュートン最大の売りである手書き文字認識機能の認識率が悪く性能向上が図られなかったため、新たな価値基準を創造するに至らなかった。こうして、アップルの非連続的イノベーションへの転換の試みは失敗に終わり、その後もＰＣという次元の上で改良や改善が図られ、何ら戦略性もないまま連続的イノベーションが押し進められていく。その結果、アップルの経営は次第に悪化し、ついには１９９６年から二期連続で赤字を計上することになる。このように、アップルも大企業の例外に漏れず、イノベーションのジレンマのトラップにはまってしまうことになる。

この惨状からの脱却は、ジョブズのアップル復帰とともに、iMacという連続的なイノベーションにより達成されることになる。iMacは連続的イノベーションとして、従来のＰＣに比べ２つの大きな改良が図られた。ひとつはデザイン面で、ボンダイブルーと呼ばれる印象的なカラーとトランスルーセントの筐体や曲線を多用したフォルムが採用されたことである。２つ目は操作性で、セットアップの煩雑さを軽減するために、コンピュータとモニターとキーボードが一体となったオールインワンの製品として、手間をかけずにインターネットにつなげられるシンプルさを追求し、製品を箱から出してすぐに使える仕様にした点である。

こうした従来のPCのイメージを覆すスタイリッシュなデザイン性とシンプルな操作性は顧客を魅了し、1299ドルという手ごろな価格も後押しとなり、iMacは時を移さず市場に受け入れられ瞬く間に市場に浸透していった。iMacの成功はアップルの悪化した経営を早々に改善し、アップルに黒字転換をもたらした。そして、何よりもiMac成功の最大の功績は、それまで大企業病に侵されていたアップルを、「この世に2つとない素晴らしい製品を創る」という創業の精神に立ち返らせ、創造的破壊を繰り返すことのできる体質にアップルを転換させたことであった。

こうして、創造的破壊体質に転換を遂げたアップルは、2000年以降10年余りの間に、立て続けに非連続的イノベーションを起こすことに成功する。すなわち、iPod、iPhone、iPadである。これら3つの製品が画期的な非連続的イノベーションを実現できた背景には、戦略的に構築されたネットワークサービスというプラットフォームが存在する。ネットワークサービスは、アプリや楽曲、電子書籍、映画などのデジタルコンテンツをインターネットで直接ローカル端末へ配信するサービスで、iPodによるiTunesミュージックストアが最初のプラットフォームとして構築された。その後、iPhoneやiPadの製品化に呼応して、アップストアやiBooksストアが次々と立ち上げられ、ネットワークサービスが拡充されていく。

ネットワークサービスを最初に導入したという点で非連続性の観点ではiPodのインパクトが大きいが、アプリ開発を外部に求め、これらの開発システムや販売方法を新たに構築したという点（これについては「ネットワークサービスの神髄」の節で詳述する）においては、iPhoneが他を圧倒している。これは、iPhoneの企業収益への貢献度が、iPodやiPadに比べ群を抜いて高いことからもうかがえる。２０１３年のiPhone売上高は９００億ドルを超え、アップル全体の売上高に占める割合は53%にも達している。このように、アップルはネットワークサービスという新たな価値基準を加えることで、iPhoneを筆頭に非連続的イノベーションとしての破壊力を大いに発揮した。

こうした非連続的イノベーションによるアップルの快進撃は、２０１１年10月のジョブズの死去とともに幕を閉じることになる。ジョブズの後を受けてティモシー・ドナルド・クック（Timothy Donald "Tim" Cook）がＣＥＯに就任した２０１１年以降、アップルは、

Mac、iPod、iPhone、iPadという既存の次元の上で改良や改善を図る連続的イノベーションに注力するようになり、非連続的イノベーションを起こせないままでいる。それまで概ね3年の周期で非連続的イノベーションを起こしてきたアップルの革新性が、ジョブズという非連続的イノベーションのＤＮＡを失ったことにより影を潜めることになる。

ジョブズは「イノベーションのジレンマ」に当てはまらない存在

優良企業は健全な経営をしているにもかかわらず、時として業界リーダーの地位を失い失敗することがある。業界をリードする地位にある優良企業は、恒常的に顧客の意見に耳を傾けニーズを探り、そのニーズに応じた製品やサービスを増産するため、改良や改善を目的とした新技術への積極的な投資を怠らないが、ある種の市場や技術の変化に直面すると、その地位を守ることに失敗し市場での競争優位を失うことになる。つまり、優良企業は主流市場において既存製品やサービスの改良や改善といった連続的イノベーションに傾注することになるため、非連続的イノベーションを起こすことが難しくなり、やがては非連続的イノベーションを起こした新興企業に駆逐されてしまうというわけである。

通常、いかなる企業も優良企業に成長すれば、このようなイノベーションのジレンマを避けて通ることはできなくなる。だが、ジョブズがアップルに復帰した1998年からCEOを退任する2011年までの期間は、このイノベーションのジレンマに当てはまることのない極めて稀なケースであった。ジョブズはアップル復帰後、二期連続の赤字という最悪な経営状況の中iMacを製品化する。その後、このiMacで得た利益を原資として、ジョブズはiPodという非連続的な製品を開発し普及させることに成功する。この成功は、アップルを携帯型デジタル音楽プレイヤーという既存の次元の上で改良や改善を図ることに傾注させるものであったが、ジョブズは、iPodの改良や改善を図りながら、iPhoneという非連続的な製品を開発し普及させることに成功する。この成功もまた、スマホという既存の次元にアップルを留め、その中での改良や改善を図ることに専念させるものであったが、ジョブズはこうしたコンテクスト（context：文脈）に囚われることなく、iPhoneの改良や改善を図りながら、iPadという非連続的製品を開発し普及させることに成功する。

連続的イノベーションでは、漸進的かつ連続的に改良や改善を重ねていくことで、知識や経験を蓄積していくため、従来の次元の上でしか物事を捉えようとしなくなることから、連続的イノベーションに傾注していると、非連続的イノベーションに必要な発想や思いつきが失われる。そのため、連続的イノベーションにおいて蓄積された知識や経験は、非連続的イノベーションに必要な発想や思いつきを阻害することになる。それゆえ、連続的イノベーションを進めながら、非連続的イノベーションを生み出すことは極めて難しいと言えるが、ジョブズは、こうしたコンテクストに囚われることなく、既存製品の改善や改良といった連続的イノベーションを進める一方で、iPodやiPhone、iPadという非連続的イノベーションを成し遂げることに成功した。これこそがジョブズの凄さであり、本来トレードオフの関係にある連続的イノベーションと非連続的イノベーションを並行して行うという、いわゆる「両利き（ambidexteriry）の戦略」をジョブズは遂行し、アップルを単なる優良企業ではなく偉大なる大企業へと押し上げた。

クローズ戦略による独自開発は製品の完成度を高めるものの普及は限定的

創業以来、アップルのイノベーション開発はすべてクローズ戦略で進められてきた。クローズ戦略とは、ソフトウェアからハードウェア、オペレーションに至るまで、製品やサービスをすべてクローズにして独自開発する方針を意味する。特に、ソフト面ではソースコード（source code：設計図）を非公開とするため、当然ながら他社が商業化を目的として技術面でソフトに変更を加えるのは不可能となる。よって、クローズドソースは開発企業の利益を守るという点で有効に機能する。

アップルがクローズ戦略を採用しているのは、すべての意思決定を自社裁量で行うことにより、製品の完成度を高めることにある。創業以来、アップルがソフト面ではクローズドソース、オペレーション面では統合化戦略を採り続けているのはそのためである。すべての意思決定が自社で可能になれば、ソフトとハードが互いに主張し合うこともなく、むしろ両者の最適な調和が図られることから、完成度の高い製品やサービスを創り出すことが可能となり、オープン戦略を採る場合よりもはるかに完成度を高めることが容易となる。ソフト、OS、ハード、さらにはアプリなど、すべての開発がアップルの支配下で進められれば、システムの整合性は高まり安定性も増すことになる。こうした整合性や安定性の高さが、アップルに直感的で心地良いユーザー・エクスペリエンスや機動性に優れたエンターテインメント性をもたらした。

アップルの革新的な製品がひとたび市場に出回ると、その完成度の高さから、しばらくの間はアップルに有利に働き製品の普及が進む。しかし、技術が成熟し市場のニーズを満たすようになると競合他社が追随してくるため、クローズ戦略は不利に働くことになり、普及が限定的なレベルに留まってしまう。アップルは、iPodの技術進歩が市場ニーズを満たす前にiPhoneを開発し、また、iPhoneが成熟しきる前にiPadを開発することで、こうした状況を打開してきた。だが、ひとたびイノベーションの開発を怠ると、独自開発の方針を採るクローズ戦略は大きな足かせとなり、アップルをニッチプレイヤーへと追いやることになる。そのような状況に陥らないためにも、アップルは今後も断続的に革新的な製品を開発し、非連続的なイノベーションの路線を突き進む必要がある。

高い利益率の保持がアップルの生命線

アップルは、端末の販売を収入源とする会社である。売上のほとんどを、Mac、iPod、iPhone、iPadの4種類の端末が占めている。2000年以降アップルは、PC事業の限界から新たな事業領域を模索し、非連続的なイノベーションの開発に突き進んだ。その結果、iPod、iPhone、iPadという3つの革新的な製品を開発した。これらの製品はグローバルな市場で大いなる普及を果たし、既存の製品やサービス、制度などさまざまな面で、非連続的イノベーションとしての破壊力をもたらすとともに、収益面でも大きな役割を果たした。

２０００年のアップルの売上高はわずか７９億８３００万ドルであった。１９９８年の黒字転換以降、ＰＣを主力とするアップルの売上高は頭打ちで、１００億ドルの壁を破れずに伸び悩んでいた。だが、iPodがiTunesミュージックストアを搭載してから２年後の２００５年には、１００億ドルの壁をすんなり突破し、iPhoneの投入から３年後の２０１０年には５００億ドルに到達している。さらに、iPadの投入から1年後の２０１１年には１０００億ドルの壁を破り、２０１３年には売上高が１７００億ドルに達し２０００億ドルをうかがう勢いである。２０００年の売上高比較で見れば、何と21倍強となっている。

他方、iPod、iPhone、iPadのこれまでの累計売上額は、２０１３年までにそれぞれ、９７１億ドル、２６３８億ドル、８９７億ドルとなっており、３つの製品の合計額では４５００億ドルに達している。このように、売上高をフローとストックの両面で単純に比較して評価しただけでも、これら３つの製品がイノベーションとして極めて大きな破壊力を発揮していることが見てとれる。

一方、利益面で見てみると、アップルはこれら３つの製品の価格を販売当初からこれまで引き下げることなく維持する一方で、極めて高い粗利率を維持しこれを年々向上させることで利益の増加に結びつけてきたことがわかる。たとえば、iPhoneのケースでこれを検証してみると、初代iPhoneの粗利率は8GBのモデルで53%であった。ここでいう粗利率とは、部品コストと製造コストを販売価格から差し引いた利益の割合を指す。この粗利率は、iPhone 3G（8GB）で65%へと飛躍的に伸び、iPhone 4S（32GB）では71%に、iPhone 5S（64GB）では74%に達している。他方iPadのケースでは、iPad 2（16GB：WiFi＋3Gモデル）で49%であった粗利率は、第三世代のiPad（64GB：WiFi＋3Gモデル）では51%へと上昇し、さらにiPad Air（128GB：WiFi＋Cellularモデル）では61%に達している。このように、アップルは製品をアップグレードするたびに粗利率を向上させ、極めて高いレベルでこれを維持し続けている。

それでは、なぜアップルは価格を維持する一方でこのように粗利率を高いレベルで維持し、これを年々向上させることができたのであろうか。

まず、アップルが価格を維持できたことにはさまざまな理由が考えられるが、何よりも従来携帯電話会社や量販店が握っていた価格決定権をアップルが奪い、アップル主導でのプライシングを可能にしたことにある。アップルは革新的な製品という圧倒的なブランド価値を背景にこれを成し遂げたが、重要なのはこのブランド価値をいかにして高め維持したかである。競合企業が追随してくれば、アップルのブランド価値は下がり競争力を失う可能性は多分にあったが、アップルの独自開発技術がそれを許さなかった。アップルは、iOSやA4といったOSやチップを独自開発することにより、競合他社が容易にアップルを模倣し追随できないようにした。アップルは、こうしたコア技術の領域において独自性を高め知的財産権を集中させることで、ブランド価値を高め維持することに成功している。

他方で、アップルが粗利率を高いレベルで維持しこれを年々向上させることができたのは、厳格なオペレーション管理を徹底して行ってきたからでもある。在庫管理では、2カ月分以上もあった在庫を最終的には1日分にまで減らすことに成功し、効率性を高めた。また、コスト管理では、サプライヤーを絞り込み、独占契約を締結したり供給量や生産量をコミットしたりすることで調達や製造の単価を下げ、部品コストや製造コストの効率性を高めた。この結果、特に製造面においては1製品あたりの製造コストを、iPhoneでは8ドル、iPadでは5ドルまで下げ、小売価格比ではそれぞれ0・9%、1・8%という高い効率性を達成している。このようにして、アップルはオペレーションの徹底管理を図ることで効率性を追求し、粗利率を高いレベルで向上させることに成功している。

オープンイノベーションによるエコシステムの構築

ヘンリー・チェスブロウが、オープンイノベーションを「知識の流入と流出を自社の目的にかなうように利用して社内イノベーションを加速するとともに、イノベーションの社外活用を促進する市場を拡大することだ」と定義するように、アップルは、まさにこのオープンイノベーションの手法を自社の製品開発戦略に取り入れて、革新的な製品を具現化し製品化するに至った。

基本的に、アップルが開発する製品はすべてデザイン主導で進められる。すなわち、デザインがエンジニアリングに先行するわけであるが、デザインがすべてに優先するわけではない。デザインは、直感的で親しみやすいという製品の本質を反映していなければならない。ここでいう直感的とは、特別な学習や努力などを必要とせず従来の方法の延長線上で自然と使いこなせることを意味する。アップルが基本とするシンプルさの追求は、必要不可欠でない部分を見つけ出しそうした部分を削る行為であるが、こうした行為は製品の本質を理解したうえではじめて実現が可能となる。製品の本質が反映されていなければ、デザインは極めて表面的で陳腐なものになってしまう。アップルのシンプルなデザインが生み出されるプロセスは、設計や製造との密接な調和によってもたらされる。このようにアップルの製品開発は、製品のデザインと製品の本質、さらには製造方法が一体となって進められる。

だが、製品の本質を十分に理解したうえでシンプルな製品デザインを追求することは、エンジニアリング・プロセスにおける難題を招くことになる。たとえば、iPod の製品開発プロセスでは、「ポケットに1000曲」という製品コンセプトを実現するために、小型化で大容量化という相矛盾する難題に取り組まなければならなかった。小型化では、小型液晶ディスプレイやリチウムポリマー充電池が、また、大容量化では、小型ディスクドライブの調達が必要不可欠であった。品質確保や調達期間の面から、これらの部品の調達先は米国内に留まらずグローバルレベルで求められた。中でも難航したのが小型ディスクドライブの調達であった。2000年当時、大容量の小型ディスクドライブを開発している企業はほとんど存在しなかったため、この種の部品を調達するのは難しいと思われていた。だが、幸いにも東芝が5GBの小型ディスクドライブを開発中であったため、アップルはこれを即座に採用し東芝と独占契約を結ぶことで優先的な調達が可能となった。こうしたサプライヤーとのエコシステムの形成は、先行者の優位（first-mover advantage）をアップルにもたらすものであった。

他方でアップルは、大規模需要を見越して低コストかつ短期間で大量生産が可能な製造専門の受託企業を探さなければならなかった。企業選定にあたり条件となるのは、アップルの方針や裁量が製造プロセスにおいて十分反映されることであった。そこでアップルが目をつけたのが、ＥＭＳ（Electronics Manufacturing Service：電子機器製造受託サービス）企業であった。ＥＭＳ企業は、製品を作るメーカーに代わり、製品の設計から試作、生産、発送、補修業務までを一括して受託する企業である。

アップルはiPodやiPhone、iPadの製造委託先として、インベンテック（Inventec：英業達）やフォックスコン・テクノロジー・グループ（Foxconn Technology Group：富士康科技集団）、キャッチャー・テクノロジー（Catcher Technology：可成科技）などを選択した。特にフォックスコンは、金型製造技術では最先端の技術力を持ち、サプライチェーン・マネジメントによるスピードと低コスト化の戦略を採ることで、圧倒的な優位性を築き上げたＥＭＳ企業である。アップルは製造を委託する以前にもフォックスコンとは取り引きがあり、その取り引きはiMac製品化に伴うコネクタ部品をオーダーしたのが最初であった。

また、キャッチャーは、ＰＣなど電子機器の金属筐体専業で世界シェア（生産能力ベース）約３割を誇る世界最大手の企業であり、iPhone 6で金属筐体を大口受注した。従来、iPhoneの組立てはフォックスコンがほぼ独占してきており、これまで他社が入り込む余地はなかったが、キャッチャーはアルミニウムやマグネシウム合金の塊を細かく刻み込んで形を整える技術に定評があり、外観の丁寧な仕上げに強みを持つことから、iPhone6で高級感を出したいアップルの思惑に合致した。結果として、キャッチャーはその高い技術力を武器に競合企業に割って入ることに成功する。

このように、アップルは世界の選りすぐりのサプライヤー１５０社以上から品質の高い部品を調達する一方で、アップルの方針や裁量が十分受け入れられ、しかも製造の品質が高いレベルで担保されるＥＭＳ企業に製造を委託することで、製品ごとにエコシステムを構築しながら、完成度の高い製品を生み出している。こうしたオープンイノベーションによるエコシステムの形成は、アップル本来のシンプルなデザインや製品の本質をアップルの裁量どおり十分に活かすものであった。

ネットワークサービスによる非連続的イノベーションの神髄

iPodやiPhone、iPadが革新的な製品である根拠は、これらの製品に新たに施されたスタイリッシュなデザイン性や、タッチパネルによるユーザーフレンドリーな操作性にあるわけではない。これらの製品が画期的で非連続的なイノベーションを生み出せたのは、アップルが新たにネットワークサービスというアプリやデジタルコンテンツのダウンロードシステムを構築した点にある。アップルはこのシステムをiTunesストア、アップストア、iBooksストアという3つのプラットフォームでものの見事に成し遂げた。

アップルが構築したネットワークサービスは、販売方法の面、すなわちアプリやデジタルコンテンツを無線通信により端末に直接ダウンロードして販売するという点では、3つのプラットフォームに共通する非連続性の特性を有する。さらに、「アプリ開発の仕組み」や「アップデートのシステム」を新たに構築したという点で、アップストアは他のプラットフォームとは異なる非連続的な特性を持つ。

アップルはiPhone開発当初、iPhoneに必要最低限の基本機能を持たせるために、いくつかのアプリを自社開発したが、ユニークでバリエーションに富んだアプリをより多くアップストアに集めるとの方針から、アプリ開発を社外に求めるシステムを選択しこれを構築した。まず、アップルは、アプリ開発者向けにＳＤＫ（Software Development Kit：ソフトウェア開発キット）を公開し、アプリを開発するために必要なプログラムや文書を配布した。また、ひとたび厳格な審査を通りアップストアでのアプリ販売が決定したアプリ開発者には、アプリの売上の70％を支払うという明確な収入分配（revenue sharing）システムを設定した。

こうしたＳＤＫの配布や収入分配システムの設定が後押しとなり、アプリ開発者の裾野は広がり、独立系のプログラマーに限らず、学生や企業などこれまでアプリを開発したことのない数多くの個人や団体がアプリを新たに生み出すことになる。このようなサードパーティにアプリ開発を認めるシステムは、アップストアがはじめて導入したものであった。アップストアはこうした新たなエコシステムを形成することで、アプリを供給する側の普及をも高めていくことになる。アップストアが導入したアプリ開発の戦略性に富んだこのモデルは、従来のソフト開発の方法とは異なり、斬新で画期的な仕組みであったことがうかがえる。

さらに、アプリのアップデートシステムもまた、アプリの開発モデルに劣らず革新的なものであった。通常、ゲームなどのソフトは購入後、アップデート版が出ると再度の購入が必要となる。しかし、アップストアではアプリ購入後、ｉＯＳを介してアプリを常時アップデートし、自動的に新たな機能を追加したり拡張性を高めたりしてくれる。どの業界にこのような仕組みを導入している企業が存在するだろうか。自動車にしてもＰＣにしても、モデルチェンジやアップデートが行われれば新たな購入が不可欠となる。アップストアでは、アプリ開発をサードパーティに委ねることによって、恒常的なアップデートを実現した。従来にないこうしたアップデートのシステムもまた、非連続的なイノベーションとしての特性を有するものであった。

非連続性を阻害しないジョブズのチームづくり

ジョブズが複数の非連続的イノベーションを生み出した背景には、革新的なアイディアが製品化される過程で非連続性が阻害されることのない組織と戦略を採用しながら、厳格なチーム運営を取り入れたという事実が存在することを見逃してはならない。ジョブズは、iPod、iPhone、iPadを製品化するにあたり、既存の組織とは別建てのチームを編成し、デザイナーやエンジニアなどのアイディアや発想を重視し、これらを広く取り入れながら厳格なチーム運営を導入し、革新的な製品を生み出す組織を築き上げた。

ジョブズが採用した組織は、少数の優秀な人材で編成されたチームで、極めてフラットな組織であった。集められたメンバーはクラスＡの人材と呼ばれ、ジョブズとの間には何ら特別な組織階層はなく、直にインタラクティブなコミュニケーションがとれる環境にあった。そのため、メンバーから発信された革新的なアイディアや発想が組織内で埋没することなく、そのすべてをジョブズが掌握し製品に反映させることができた。

また、ジョブズは極めて優秀な人材のみをメンバーとして選定し、彼らを集めて少数のチームを作り仕事に専念させた。ここでいう少数のチームとは１００名程度の規模を意味する。このように有能なる社員を少数精鋭で集めるのは、チーム内でビジョンを共有しながら物事を進めるのに、また、チームをコントロールするのに適しているからである。こうしたチーム構成もまた革新的な製品を孵化させることに大いに役立つものであった。

他方でジョブズのチーム運営は極めて厳格なものであり、そのやり方は個人を鼓舞することで個人の能力を限界近くまで引き出し、チームトータルで最終目標を達成するというものであった。製品開発にあたりジョブズはトップダウンで細部にわたり細かい指示を出し、容赦なくプレッシャーをかける。時としてコミュニケーションは感情的なものとなり、罵声が飛び交うこともあった。だが、こうしたプレッシャーの中から、デザイナーやエンジニアの潜在的な能力が引き出され、彼らはいつしか自分の能力がさらに向上していくことを実感するようになる。やがて製品が十分以上に革新的なものに仕上がると、はじめてジョブズの意図やビジョンを彼らは理解することになる。非連続的イノベーションという偉業は、決して個人によって成就するものではなく、チームがまとまることで成し遂げられるものであることをジョブズは大いに理解していた。

創造性を最大限に発揮し製品の完成度を高める「新製品開発プロセス」の存在

アップルでは、企業内部から数多くの製品アイディアが生み出されるが、最終的に製品化されるのはひとつである。そのひとつのアイディアを革新的な製品として仕上げるためには、さまざまな問題や課題を克服しなければならない。アップルは、研究開発に始まり、部材調達、製造、マーケティングに至るまで、デザイン、ハードウェア、ソフトウェア、オペレーションが一体となった完璧な製品を目指すことから、バリューチェーンで生じる問題や課題は必然的に多様化し複雑化する。こうした多岐にわたる複雑な諸問題を解決するためには、従来の開発方法のままでは難しい。アップル独自の開発方法が必要となる。そこでジョブズは、製品開発の新たな手法を生み出す。それが、ANPP（Apple New Products Process：アップル新製品開発プロセス）である。ANPPは、ジョブズがNeXTで初めて導入した試みであるが、新製品を開発するたびに改善が施され、ジョブズがアップルに復帰した後、iMacの開発により完成するに至った。

ANPPには、製品開発に関わるすべての工程において、製品に携わる全員の成すべきことが詳細に記述されている。指示事項が網羅される範囲は、製品開発の工程のみに留まらず、製品開発後のマーケティングや保守の工程に至るまで、バリューチェーンの全工程が含まれることになる。よって、リスティングされるのは、アップル社内の従業員に留まらず、サプライヤーや関連会社など数百社に及ぶ。新製品開発に携わるすべての人は、ANPPに基づいて各々のタスクを完遂するだけではない。タスクを遂行する際に実施したすべての試みを体系的に記録することが義務づけられている。

このように、ANPPはチェックリストとして機能する面を持つものであるが、重要なのは、製品開発に携わる全員の創造性がより発揮できるシステムになっていることである。多岐にわたる複雑な諸問題を克服するために、さまざまな試行が繰り返され、革新的な製品を完成させるための知識がＡＮＰＰ上に数多く蓄積されていく。こうして蓄積された知識は、次なる革新的な製品を創り出すうえでの貴重な経験値となる。実際ＡＮＰＰ上には、開発手法を説明する小冊子が存在し、そこには全員の知識が詳細にまとめられ、経験値として活かされている。このように、アップルは革新的な製品を生み出すたびにＡＮＰＰに数多くの成功体験を刻み込み、暗黙知を形式知に変換することで、アップルのイノベーションの経験値をさらに高めている。

クックによる連続的イノベーションへのシフト

２０１１年８月、ジョブズのＣＥＯ退任に伴い、その後継者として指名されたのはクックであった。それまでのアップルの経営過程を辿れば、クックのＣＥＯ就任は極めて自然な結果であった。ジョブズがＣＥＯ在任中に非連続的イノベーションの創出に専念できたのは、クックというロジスティクスのプロフェッショナルが存在したからである。ジョブズが革新性を追求し、iPod、iPhone、iPadと次々と画期的な製品を開発していく傍らで、クックは効率性を追求し、質の高いオペレーションを構築しながらコスト削減に注力した。

こうした革新性と効率性の両輪の追求により、アップルは売上を飛躍的に伸ばす一方でコストを大幅に削減することに成功し、偉大なる大企業へと成長していった。アップルが企業力を高められたのは、クックがアップルのオペレーションを最高の状態に保つことができたからである。クックはロジスティクスの面からアップルの一時代をジョブズとともに築き上げた。こうしたクックの業績を考慮すれば、ジョブズが自身の後継者としてクックをCEOに指名したことは不思議ではない。

クックはアップル入社後、販売部門に始まり、顧客サポート部門やハードウェア部門など次々と担当業務を拡大していき、最終的にはアップルのオペレーション全域を掌握し、多大な権限を持つようになる。クックがアップルの最強なるロジスティクスを構築できたのは、クックがジョブズと相反する考え方や能力に長けていたからである。これはちょうどコインの表と裏の関係性に通じるものであった。ジョブズが将来を担う技術を誰よりも早く見極め、革新性を製品化するビジョンを描き、持ち前の洞察力と実行力によりそのビジョンを果敢に実現するタイプの人間なら、クックは自らが率先してビジョンを示すことなく、成すべきことを地道に黙々とこなすシステム志向型の人間であった。

クックは組織的スキルに優れ、部下に権限を委譲しながら物事を進める経営スタイルを採る。組織の中で厳格なマネジメント体制を敷き、とりわけ部下の失敗や怠慢は厳しく責めたてる。だが、こうした組織力を活かした経営スタイルは連続的イノベーションを促進する一方で、非連続的イノベーションを阻害する恐れがある。厳しく責められた部下がリスクをとることを恐れれば画期的なアイディアや企画は影を潜めるし、仮に生まれたとしても、そのような新たなアイディアや企画への経営資源の投資は組織のコンセンサスが得られないため孵化しないからである。

現状でのアップルの経営は、クックの優れた組織的スキルが十分に活かされ、連続的イノベーションの展開においては功を奏している。MacやiPod、iPhone、iPadといった既存製品の改良や改善を図り、品質や機能を高めながら着実にアップデートやアップグレードを重ねている。だが、連続的イノベーションだけでは企業の成長力を望むことはできない。企業成長の原動力は何と言っても、非連続的イノベーションの創出にある。それではアップルは、非連続的イノベーションを起こすことがもはやできないのであろうか。2011年にアップルはSiriを開発した。Siriは非連続性の面から十分革新性を備えていたが、アップルはSiriを非連続的イノベーションとして孵化させることができなかった。今や、アップルはジョブズというアントレプレナーを中心に回る会社から、クックにより構築された組織として展開する会社へと変貌を遂げていることを看過してはならない。

▼参考文献

1　Apple inc, Investor relations（http://investor.apple.com/）
2　HIS Technology, Press Release（https://technology.ihs.com/Search?q=press+release）
3　ヘンリー・チェスブロウ著『オープンイノベーショ――組織を越えたネットワークが成長を加速する』（英治出版・2008年）
4　ウォルター・アイザックソン著『スティーブ・ジョブズⅡ』（講談社・2011年）
5　雨宮寛二著『アップル、アマゾン、グーグルの競争戦略』（NTT出版・2012年）
6　雨宮寛二著『アップルの破壊的イノベーション』（NTT出版・2013年）
7　リーアンダー・ケイニー著『ジョナサン・アイブ』（日経BP社・2015年）

第3章

ウェブ進化による
アマゾンのイノベーション

アマゾンが創り出したイノベーションとは

アマゾンのイノベーションの船出は、決して順風満帆と言えるものではなかった。初期の事業の進め方は、通販サイトとしては場当たり的と言ってもいい状態で、創意工夫が特段施されていない通販サイトを作成し、サイトに注文が入ったら倉庫から品物を見つけてきてただ単に顧客に配送するというものであった。よって、ホリデイシーズンなどで注文が混んでくると、他部門の従業員が倉庫に駆り出され深夜まで配送に追われる始末であった。こうした状況ではイノベーションどころか、通常業務の遂行もままならない。実際、アマゾンがイノベーションを自社の中核をなす価値として掲げたのは、創業から4年以上も経過してからのことであった。アマゾンが掲げた中核価値は、他に、「顧客最優先」、「倹約」、「行動重視」、「オーナーシップ」、「高い採用基準」があったが、「イノベーション」はこれら5つの項目が掲げられた後に追加されるかたちで掲げられた。

イノベーションが中核価値として掲げられるようになる頃から、アマゾンのイノベーションへの取り組みは凄まじい勢いで進められていった。最初は、競合企業との差別化を図るために、何かウェブサイトの工夫ができないかという単純な発想からであった。顧客にとって魅力的で使いやすいウェブサイトとは何か、という観点からアイディアは生み出されていった。中でも、パーソナライゼーション機能は、実店舗にない極めて画期的なサービスであった。顧客一人ひとりの嗜好を過去の購買履歴などから割り出し、お好みの商品を陳列し個人専用サイトとして、いわゆる「お客さまだけのための品揃え」を実現する。まさしく従来の店舗には不可能な、EC（Electronic Commerce：電子商取引）ならではの強みを活かした革新的なサービスで、属性や好みに基づいて推奨する情報により顧客を誘導しながら、顧客の潜在的な購買意欲を顕在化させるものであった。それゆえ、顧客は自分だけに推奨してくれる商品を確認しながら、楽しんで買い物ができる。これこそ、ジェフリー・プレストン・ベゾス（Jeffrey Preston Bezos）が創業当初から主張する「アマゾンは商品を売って利益を得るのではなく、顧客の購買意思決定を助けることで利益を得ている」会社の実現であった。

アマゾンは、こうしたウェブサイトのパーソナライゼーションに始まりサプライチェーン（supply chain）にいたるまで、すべてを自社開発の技術でまかなっている。ベゾスが常日頃から断言する、「アマゾンは小売企業ではなくテクノロジー企業である」所以である。サプライチェーンでは、創業当初より物流ネットワークの効率化を図るために、アルゴリズム（algorithm）の開発に注力してきた。アルゴリズムとは最適化の問題に対して数学的な解答を示してくれるもので、商品の的確な仕入れ時期や保管場所、複数注文の効率的な梱包方法、フルフィルメントセンター（Fulfillment Center：物流センター）での注文処理状況や稼働の割り出しなど、実作業の中で生じる難解な事象を解明し、物流ネットワークの効率性を高めてくれる。注文ごとに生じる無数のシナリオを検討するアルゴリズムを作ることができれば、配送を安価で迅速に行えるシナリオが選択できるようになる。アマゾンはこれを開発することでサプライチェーンの最適化を図り、ピッキングや梱包作業の時間を短縮し配送コストを下げることに成功する。当日配送や無料配送の実現は、アマゾンのこうしたサプライチェーンにおけるプロセス・イノベーションによりもたらされたものであった。

利益よりもＩＴ投資を優先する企業戦略

アマゾンは、１９９４年の創業以来、「顧客第一」、「長期的な視野」、「創意工夫」の３つの要素を重視して、オンラインショップを拡充する一方でロジスティクスを構築し、ネットとリアルの両面からインターネット通販ビジネスを展開してきたテクノロジー企業である。アマゾンがオンラインショップで取り扱う商品は実に豊富で、書籍をはじめ、ソフトウェア、エレクトロニクス、生活用品など多岐にわたる。カスタマーレビューやレコメンデーション機能といったオリジナル機能を開発しオンラインショップに取り入れるなどして、ロングテールを実現しニッチ市場の開拓を果たしている。こうしたアマゾンではあるが、初期のアマゾンは商品の配送コストがかさみ、サプライチェーン構築のため赤字決算が続いた。そのため、単年度の黒字化を達成したのは、設立から9年目の2003年であった。以来、黒字決算を続けてきたが、売上高に対する利益率は2004年以降現在に至るまで平均して2・8%と極めて低調な状態が続いている。しかも、2012年には収益がマイナス3900万ドルを計上し一時的に赤字に転落している。

こうした長期赤字、低利益率経営にもかかわらず、株式市場におけるアマゾンの評価は高い。2003年に152億ドルであったアマゾンの時価総額は右肩上がりに上昇し、上場来最高水準を更新し続け、2014年9月には1580億ドルと10倍以上に膨れ上がっている。2012年の赤字決算を発表した際にも市場は動揺する気配もなく、投資家の信頼は依然として厚くゆるぎないものであった。それではなぜ、短期利益を評価するとされる株式市場がこのようにアマゾンを評価し、アマゾンは投資家からの支持を得ることができているのであろうか。

その理由は、アマゾンのＩＴ投資を優先する企業戦略にある。アマゾンはこれまで、小売の世界で最も重要となる「意思決定のためのデータ分析ツール」を多数開発し、それを売上向上に結びつけてきた。営業費用の中でもＩＴ投資を行う「テクノロジーおよびコンテンツ費用」は年々増加し、その額は黒字転換が図られた２００４年の２億８３００万ドルから２０１３年の６５億６５００万ドルへと飛躍的に伸びている。マッキンゼー・アンド・カンパニーの分析によれば、こうしたアマゾンのＩＴ投資額は競合企業の５倍以上に上るという。

投資家は、アマゾンがカスタマーレビューやレコメンデーション機能、自動値つけ機能といった顧客の購買決定を助けるためのソフトウェア開発に莫大な投資を続け、利益のほぼすべてを投資に回してきたことを評価しているのである。

精度を高め続ける「顧客の購買決定を手助けする機能」

データを中心としたテクノロジー企業にするというベゾスのビジョンを実現するために、

アマゾンは顧客の購買決定の手助けをするためのシステムを構築してきた。たとえば、レコメンデーション機能は、その商品を以前に購入したユーザーの購買履歴から、顧客が求めるであろう商品を紹介するものであるが、アマゾンはこのおすすめ商品を表示する技術として、独自に「協調フィルタリングアルゴリズム（collaborative filtering algorithm）」を開発した。このアルゴリズムの精度は年々向上し、前述のマッキンゼー・アンド・カンパニーの分析によれば、２０１１年には、売上高の35％がこのおすすめ商品によるものであった。

アマゾンはまた、ネット上から価格情報を収集し、瞬時に価格設定に反映させるアルゴリズムを開発している。これは、自動値つけロボットが常にインターネットを徘徊して、自動的に競合企業の価格に関する情報を収集し、瞬時に自社の価格に反映するプログラムであるが、アマゾンはこの自動値つけ機能により価格を毎日更新することで、競合に対して5～20％の価格優位性を保っているという。自動値つけ機能は、アマゾンが標榜する「エブリデーロープライス」を実現し、顧客に常に競争力のある価格、すなわち最低価格を提示することを可能にした。

他方でアマゾンは、在庫面から顧客が購買意欲を失わないよう工夫している。たとえば、アマゾンはユーザーがサイト上で商品を閲覧した際に、在庫の有無を「インストック率」

という独自の指標で常時チェックしている。フルフィルメントセンターのシステムと連携しながら、リアルタイムに需給調整を行うことで、在庫切れによる機会損失を減らしているのである。アマゾンの在庫回転率は、こうした独自の物流ネットワークシステムにより小売業界最高の水準を維持している。

このように、アマゾンは意思決定に関わるすべてにＩＴを徹底的に駆使することでその精度を高め、販売効率を飛躍的に向上させている。

「エブリデーロープライス」×「エブリシング・ストア」＝低利益率経営

アマゾンは「地球上で最大級の品揃え」を標榜して、「エブリデーロープライス」でありながら「エブリシング・ストア」を実現している企業である。コア事業である通販サイトでは、自動値つけロボットをネット上に徘徊させて常時最安値を維持している。また、音楽配信や電子書籍、ストレージ、コンピューティングサービスなど新たに参入した分野では、業界の常識を覆すほどの低価格で競合企業を駆逐し市場シェアを奪い、優位性を築いている。

それではなぜアマゾンは、最安値や低価格で事業を維持できるのであろうか。たとえば、キンドルの各機種は89ドルから価格が設定されているが、なぜこのような安い価格で販売が可能なのであろうか。アマゾンはキンドルの価格をほぼ損益分岐点に設定している。そのため、キンドル単体だけでは利益を生み出すことができない。アマゾンに利益をもたらしてくれるのは、キンドルで販売される電子書籍もしくはゲームなどのデジタルコンテンツである。つまり、キンドルの事業は、ハードとソフトのトータルで利益を生み出す仕組みになっている。さらに、電子書籍で見てみると、9・99ドルと原価割れ価格に設定したベストセラー本や新刊書を呼び水にして、他の利益率の高い書籍をより多く販売することで、電子書籍トータルで利益を生み出している。

このように、アマゾンはローエンドモデルで市場を席巻するものの、薄利ではあるが利益を生み出せる経営スタイルを確立している。ではなぜこのような低利益率なる経営が維持できるのか。それは、アマゾンがビジネス機会を喪失しないよう豊富な品揃えを確保し、「エブリシング・ストア」を実現しているからである。ロングテール理論に象徴されるように、めったに売れない商品でも顧客が望めば販売できる体制を常時整えることで機会損失を防いでいる。つまり、アマゾンの通販サイトを訪問した顧客は、自分のお目当ての商品を必ず探し出すことができる。それが販売につながり収入に結びつくことで、トータルで利益を生み出す構造を創り出している。

このように、アマゾンは世界中のすべての顧客を豊富な品揃えと最安値の2つの変数で取り込み、この2つの相乗効果を最大限に活かして、低利益率経営なる独自スタイルを確立している。

イノベーションはフラットな組織から出発し失敗の積み重ねで成就する

官僚型の大きな組織からイノベーションは生まれにくい。なぜなら、中間管理職が何層も重なる複雑な組織は意思決定を遅らせることになり、また、厳格な管理が創造性に溢れる人間のやる気を削いでしまうからである。革新のスピードを鈍化させないためには、硬直化しない組織を創り出さなければならない。ベゾスはこのような思いを強く抱いていた。

あらゆる変化に対応するためには、どのような組織編成を行うべきか。ベゾスは自律的な意思決定ができるような分権・分散型の組織が望ましいと考えた。問題に直面するのは、管理者ではなくエンジニアや開発者などの実働部隊で、彼らこそが問題解決に一番適していることから、実働部隊を中心に組織編成を行うべきである。自律的な実働部隊をプロジェクトチームとして少人数で編成し、それぞれのチームが企業家精神を持ってプロジェクトを主体的に進める。ベゾスは少人数である基準をピザ2枚分のチーム、すなわちピザ2枚でお腹が満たされる程度の人数に留める規模とした。

このように、少人数でより多くのプロジェクトを進めることができれば、さらに多くのアイディアを試すことが可能となり、イノベーションも生まれやすくなるうえ、変化のスピードも速くなる。ベゾスは中間管理職による管理に縛られることなく、エンジニアや開発者が自由にアイディアを生み出し、それらのアイディアを試すことができる環境づくりを目指した。

ベゾスはこうしたイノベーションに強いチームづくりを行うために、創業以来一貫して優秀な人材の採用にこだわり、エンジニアや開発者を中心に採用を続けている。優秀なエンジニアや開発者の採用は、優れたアイディアを現実のものにし、会社の実績を高めるためには欠かせないからである。

このようなチームづくりが功を奏して、アマゾンは多くの革新的な技術やサービスを生み出してきた。その一方で、失敗に終わった数多の事業や試みも存在する。オークションサイトでは、イーベイ（eBay）に対抗するために、十八番のマッチング機能を投入したが、かえって混乱を引き起こし撤退の憂き目にあっている。また、オンラインショップの比較サイトであるジャングリーを買収し、数カ月を費やしてショップ・ザ・ウェブ機能をアマゾンの通販サイトに埋め込んだが、不評により数カ月も経たないうちに打ち切りを余儀なくされている。こうした実験や試みがたとえ失敗に終わったとしても、その重要性をベゾスは十分に認識していた。それは、「失敗はイノベーションと発明の本質的な部分です。もしそれがうまくいくと知っているなら、それは試みではないのです」というベゾスの言葉にも十分に見てとれる。必ず成功が約束されていなくても、まずは試してみるというベゾスの考えは、イノベーションを実現するための企業文化となってアマゾンに根づいている。

低利益率の市場構造を構築した革新的なウェブサービスの展開

新しい市場に参入するとき、重んじることは何か。利益率が低い市場構造を作り出すことである。なぜなら、競合企業は利益率が低い市場に魅力を感じないため、そうした市場への参入を控え、たとえ参入したとしても研究開発への投資を抑えることになるため、市場が守りやすくなるからである。一方で利益率の低さは、より多くの顧客を集める呼び水にもなる。ベゾスは、iPhoneのビジネスモデルからこの教訓を得ていた。iPhoneは利益率の高い市場構造を作り出したことから、多くの競合企業をスマホ市場に引き寄せ開発競争を激化させた。

ベゾスはこうした教訓を踏まえて、ウェブサービス（web service：インターネット技術を応用してソフトウェアの機能を利用できるサービス）の分野で利益率の低い市場構造を作り出すことに成功した。まず、対象顧客としてスタートアップや小企業を選び、これらの顧客に大企業と同じレベルのサービスを使えるようにした。プリミティブ（primitive：基本的構成要素）にはストレージとコンピューティングに加え、データベースやメッセージを取り入れ、提供形態をクラウドソーシング（crowdsourcing）とした。こうして生まれたサービスが、アマゾンS3（Simple Storage Service：シンプル・ストレージ・サービス）とアマゾンEC2（Elastic Compute Cloud：エラスティック・コンピュート・クラウド）という2つのAWS（Amazon Web Service：アマゾンウェブサービス）である。アマゾンS3ではデジタルファイルのサーバー保存を、また、アマゾンEC2では自製したプログラムをアマゾンのコンピュータで走らせることをそれぞれ可能にした。

また、プライシング面では使用した分だけを支払うという従量課金制を導入し、単価を原価割れとなる低料金に設定した。たとえば、アマゾンEC2では1時間あたりの利用料金を10セントとした。損益分岐点が15セントであることを考えれば、この料金設定は明らかに無謀であったが、ベゾスはアマゾンで長年培われてきた優れたコスト構造に自信を持っていた。

こうして、アマゾンは相対的に利益率の低い市場構造を作り出すことができたため、中小企業の多くがアマゾンウェブサービスを利用した。また、ウェブサービスとしては十分な機能を備えているうえ安価で使いやすかったことから、インターネット関連のスタートアップの多くがアマゾンウェブサービスを使って起業した。特に、テクノロジー業界が長らく続いたドットコムバブル崩壊の影響から脱することができたのは、アマゾンウェブサービスを利用できたおかげであるという見方をすることもできる。そうした意味では、アマゾンウェブサービスは革新的なサービスであると言っても過言ではない。

このように、アマゾンはストレージや企業コンピューティングの市場で、新たな波を作り出すことに成功している。

電子書籍はハードカバーを駆逐する破壊的事業

アマゾンは長い年月をかけて通販サイトを自社のコア事業として構築してきたが、アマゾンが取り扱う商品カテゴリーの中でも、書籍販売事業は中核事業として位置づけられる。そもそも書籍はアマゾンが最初に通販サイトで展開した品目であるが、書籍の出版や販売事業はもはや十分に成熟した産業であった。成熟産業はいずれ衰退するのが世の常であるが、成熟産業であるがゆえに、イノベーションを起こせることをベゾスはキンドルの開発により証明してみせた。

ベゾスはやがて到来するであろう電子書籍の時代を見据え、その重要性を十分認識していたが、アマゾンが電子書籍事業に着手したきっかけは、意外にも競合企業に対する脅威からであった。アマゾンが電子書籍リーダーの開発を始めた2004年は、アップルがiPodにiTunesミュージックストアを搭載し、デジタル音楽市場で独走状態にあった時期である。アップルの成功は、デジタル化の波が他の市場にも押し寄せることを告げる予兆であった。もし、この波がアマゾンの中核事業である書籍事業に降りかかればどうなるであろう。アップルやグーグルなどの革新的な企業がいずれ、書籍を狙って新しいデジタル機器を開発することは十分に予測できた。この頃のアマゾンの収入の7割以上が、書籍や音楽、映画などのメディア事業で占められていたことを考慮すれば、アマゾンにとってこうした新たなる潮流は大きな脅威であった。

だが、アマゾンが書籍のデジタル化を進めることは、既存の書籍事業を侵食することにつながる。カニバリゼーション（cannibalization：共食い）どころか、既存事業の破壊につながりかねない。ベゾスはこうした社内の不安を一掃し、電子書籍事業を破壊的事業と位置づけ製品化に突き進んだ。ベゾスには「何かを生み出したら何かが壊れるということを受け入れる」準備が十分にできていた。ベゾスはこの破壊的事業を立ち上げるにあたり、電子書籍リーダーの開発に専念できるように、ラボ126という自律的組織を設置した。ラボ126は少人数で、しかもベゾスと開発者をフラットに結ぶ組織構造であったため、アマゾンがデジタル戦略によるイノベーションを進める極秘の開発拠点として十分に機能し、破壊的技術の開発に大いに役立つことになる。

ベゾスは新たな電子書籍リーダーの開発の方向性を「使いやすさ」に定め、高齢者でも難なく使えるデジタル機器にすることを目標とした。特にベゾスがこだわったのは、長時間の読書に最適な技術をディスプレイに組み込むことと、電子書籍を直接電子書籍リーダーにダウンロードすることの2点であった。ディスプレイの技術には、液晶ではなくEインクが採用された。Eインクは2002年に登場した電子ペーパーの代表的技術のひとつで、白黒の粒子を制御することで低消費電力でもコントラストの高い白黒画像の描画を可能にするものである。この頃までにEインクの技術は十分に成熟していたため、アマゾンは目に優しい技術としてこれを採用した。

他方で電子書籍のダウンロードについては、電子書籍リーダーへ直接行うことが必須とされたのは、過去に開発された電子書籍リーダーは、PCにつながらないと電子書籍がダウンロードできないことが普及に至らなかった問題点のひとつだったからである。電子書籍リーダーの利用シーンとして、空港に行く途中で読む本が欲しいとか、車の中でダウンロードしたいという状況を想定していた。アマゾンは無線通信キャリアであるAT&Tワイヤレスと交渉して独占契約を結び、ユーザーに無料で3GネットワークやWiFiを利用できるウィスパーネットを構築することで、この問題を解決した。ウィスパーネットはいかなる電子書籍でも60秒以内でダウンロードすることができた。

電子書籍のタイトル数を増やすこともまた、普及のために求められた命題であった。アマゾンは書籍における市場占有率の高さを背景に強い発言力を利用して、大手出版社との交渉を有利に進めることでタイトル数を増やしていった。最終的にはベゾスが目標として掲げた10万タイトルの電子書籍を集めることに成功し、タイトル数での優位性を築き上げた。

こうしてアマゾンの電子書籍リーダーは製品化されるに至った。命名されたキンドル（Kindle）には、「火をつける」、「大火事の元になる」との意味があり、「出版業界に革命を起こす」といったベゾスの意気込みが込められている。キンドルは革新的な製品として世に送り出されたが、電子書籍リーダーの専用性が災いしてその普及は限定的なものに留まることになる。後に競合企業のアップルが汎用性の高いモバイル端末としてiPadを市場に投入したことも起因して、アマゾンはキンドルの開発方針を専用から汎用へと転換せざるを得なくなり、キンドル・ファイア（Kindle Fire）の開発に至った。キンドル・ファイアは、iPadに対抗するローエンドモデルとしてタブレット市場に投入され、その後アップデートやアップグレードを繰り返し改良や改善が図られている。

ロボット活用によるプロセス・イノベーションの実現

アマゾンの効率的なサプライチェーンの構築は、自社の通販サイトで際限なく追加され続ける商品に対応しなければならない一方で、配送日数を極限まで短縮するという２つの命題との戦いでもあった。ベゾスが標榜する「エブリシング・ストア」の考えに従って、新たな商品カテゴリーが次々と追加されるため、注文の種類や数の組み合わせは無限に増えていく。それゆえ、顧客の注文ごとにピッキング作業と梱包作業の手間がかかることになるため、過去の出荷データから翌日の出荷を予測し準備することができない。これこそが、まさにアマゾンの物流における大きな泣きどころであった。

こうした日々増え続ける膨大な注文をこなすために、アマゾンはサプライチェーンを管理するアルゴリズムを開発することになるが、より安価に配送を素早く行えるシナリオをアルゴリズムにより抽出しこれを実行するために、アマゾンはこれまで、さまざまな製造管理方式や在庫の評価方法を導入し試してきた。それは、シックスシグマに始まり、ＬＩＦＯ（Last-In First-Out：後入先出法）やＦＩＦＯ（First-In First-Out：先入先出法）、ピックツーライト方式（pick-to-light）、ウェーブ方式（wave）、ＬＰＳ（Lean Product System：リーン生産方式）などである。これらの方式や方法は大規模なフルフィルメントセンターで試され、作業員の生産性を高めるとともに、フルフィルメントセンターの精度と信頼性を着実に高めていった。

こうして、アマゾンは物流を厳格に管理できるようになったことから、極めて効率的な物流ネットワークを構築するに至った。これにより、アマゾンは商品のお届け日を顧客に約束できるようになるとともに、配送日数を短縮し当日配送の実現が図られるようになった。出荷時間、すなわち顧客がウェブサイトで注文した商品が輸送手段で発送されるまでの時間は、創業時の1週間からわずか4時間へと大幅に短縮された。この数値は、電子商取引業界の平均時間12時間と比べても極めて短いことがうかがえる。このようにアマゾンは、創業以来、物流ネットワークの効率化を目指して、生産性の高いサプライチェーンの構築を進めてきたが、これらの構築に要した費用は、フルフィルメントセンターに投資された費用だけで見てもこれまで300億ドル以上にも上っている。

だが、こうした物流ネットワークシステムをさらに効率的なものにする転機が訪れる。それは物流の自動化を実現するロボットの導入である。アマゾンは2012年3月、物流センター向け運搬ロボットメーカーである米キバ・システムズを7億7500万ドルで買収した。キバ・システムズは2003年に設立されたスタートアップで、物品を運搬する自走式ロボットを製造している。キバ・システムズのロボットは、カメラとリアルタイム画像処理システムを搭載し、物流センター内で自立移動して注文どおりの商品を探し出し、商品棚を動かして配送梱包ステーション（pick-and-pack station）まで運ぶ作業を自動的に行うことができる。アマゾンやギャップ、トイザらスなどがこのロボットをすでに採用しており実績を残している。

アマゾンは、このキバ・システムズの技術を導入することでサプライチェーンを再構築し、フルフィルメントセンターでの商品ピックアップ、梱包、発送プロセスのさらなる効率化を目指す考えであった。だが、ロボットをフルフィルメントセンター内で配置し稼働させるためには、キバ・システムズの技術を倉庫内の複雑なシステムと連動させ、さまざまな実験を行わなければならなかった。また、何よりも、フルフィルメントセンターは作業員が通路を歩いて商品を取り出すことを想定した設計になっていたため、ロボットの組み入れにはフルフィルメントセンターの内部構造を変更する必要があった。アマゾンは既存の物流ネットワークシステムとキバ・システムとの最適化を徐々に図りながら、買収から1年半後には3つのフルフィルメントセンターでキバ・ロボットを１４００台配置し稼働させるに至っている。アマゾンとしては、今後もフルフィルメントセンターでのロボット稼働率を高めていく意向である。

こうしたロボットによる物流の自動化は作業時間の短縮やコスト削減をもたらし、アマゾンの物流ネットワークの効率性をさらに高めることになる。特にコスト削減において、アマゾンがロボットを本格的に導入するようになれば、フルフィルメントセンターの効率が向上し、年間4億5800万ドルから9億1600万ドルを節減できる可能性があると予測するアナリストもいる。さらに、メリットはこれだけに留まらない。フルフィルメントセンターで働く作業員は物流システムを支える大事な要素であるが、勤務態度の劣化や商品の盗難、作業ミスなど人為的にもたらされる弊害や被害は後を絶たず、これらの克服がアマゾンにとって大きな課題であった。だが、ロボットの導入により、アマゾンは人間が引き起こす弊害や人為的ミスから解放され、フルフィルメントセンターの作業効率の改善がさらに図られることになる。

このように、アマゾンは出荷プロセスにおいて革新的な技術を次々と開発し導入することで、物流ネットワークの効率性の向上に努めている。

イノベーション・スピリッツを鼓舞するアマゾンプライムエアサービス

アマゾンは、これまで主にトラックなどで行っていた陸運による配送業務を、小型の無人ヘリコプターに変更しようとしている。８つのプロペラを装備した小型ヘリコプターはドローン（drone）と呼ばれ、最大で５ポンド（約２・３kg）の荷物を運ぶことができることから、アマゾンが現在取り扱う商品の86%がカバー可能となる。アマゾンはフルフィルメントセンターから10マイル（約16km）以内に住む利用者を対象に、注文後約30分以内に商品を届けることを目標としている。技術的にはすでに実用可能な段階に達していることから、アマゾンとしてはこのサービスをアマゾンプライムエア（Amazon Prime Air）の名称で近い将来開始したい意向であるが、ＦＡＡ（Federal Aviation Administration：米連邦航空局）による無人機の飛行ルールや安全基準の整備が完了していないため、実用化には至っていない。

ベゾスの説明では、ドローンは海兵隊の無人偵察機と異なり、注文者の住所情報から割り出されたＧＰＳ（Global Positioning System：全地球測位システム）座標とコンピュータ制御された飛行路線を基に、完全に自動で制御される流通システムとして機能する。ドローンが自動制御可能な流通システムであると強調するベゾスの意図は、プライムエアサービスの安全性や信頼性を担保することにある。しかし、配達完了の証明、障害時の実証と人的補償、災害時のリカバリー対応など解決すべき課題が多く、その実用化には多大な困難が伴うことが予想される。

確かにプライムエアサービスの導入は、配送時間の短縮や省力化など数多の効用をもたらすものである。しかし、実用化へのハードルが極めて高いことを考慮すれば、ベゾスも認めているように、アマゾンがプライムエアを開発中であることを早々と公表した真の狙いは、イノベーションを生み出し続けようとするアマゾンの不屈の精神を内外に誇示することにあったと思われる。

大企業が衰退期を迎えるのは必然である。技術進歩の激しい現代においては、ビジネスの価値は一夜にして無くなることもある。このことを誰よりも自覚しているベゾスは、すでに大企業の仲間入りを果たしたアマゾンを鼓舞するために、恒常的にイノベーションに取り組む姿勢を今後も崩すことはないであろう。

▼参考文献

1　雨宮寛二著『アップル、アマゾン、グーグルの競争戦略』（NTT出版・2012年）
2　雨宮寛二著『アップルの破壊的イノベーション』（NTT出版・2013年）
3　wikinvest, Amazon.com. MarketCapitalization (http://www.wikinvest.com/stock/Amazon.com_(AMZN)/Data/Market_Capitalization)
4　ポール・マクナーニ＆ジョシュア・ゴフ共著「ビッグデータが日本企業に迫るもの」『ハーバー

ドビジネスレビュー』２０１３年2月号（ダイヤモンド社・２０１３年）
5 Amazon.com, Investor Relations: Annual Report and Proxies（http://phx.corporate-ir.net/phoenix.zhtml?c=97664&p=irol-reportsannual）
6 ブラッド・ストーン著『ジェフ・ベゾス果てなき野望』（日経ＢＰ社・２０１４年）
7 CNN.co.jp,「米アマゾン、倉庫ロボット軍団を10倍に」（http://www.cnn.co.jp/business/35048356.html）
8 The Wall Street Journal,「アマゾン、無人機より現実的な物流ロボット」（http://jp.wsj.com/news/articles/SB10001424052702304468904579246763367904406）
9 桑原晃弥著『ジェフ・ベゾスはこうして世界の消費を一変させた』（ＰＨＰビジネス新書・２０１３年）

第4章

オープン・プラットフォームにより世界征服を目指すグーグルのイノベーション

グーグルが創り出したイノベーションとは

グーグルのイノベーションは、インターネット検索エンジンから始まる。グーグルは、ローレンス・エドワード・ラリー・ペイジ（Lawrence Edward "Larry" Page）とセルゲイ・ミハイロヴィッチ・ブリン（Sergey Mikhaylovich Brin）が1998年に創業したスタートアップであるが、創業の1年前にすでにバックラブというウェブページのランクづけを行う画期的な検索エンジンの開発に成功している。バックラブはほどなくGoogleに改名されるが、初期の検索アルゴリズム（algorithm：目的達成のための処理手順）には、ウェブページ間のリンク情報を利用する「ページランク（pagerank）」が使用された。

その後、検索アルゴリズムは年々改良が図られていくことになる。グーグルが検索アルゴリズムに変更を加える回数は、今や年間で500回に上る。変更内容は、検索クエリー（検索要求）から文書解析に至るまで多岐にわたり、「検索者が何を探しているかをできるだけ正確かつ素早く理解し、求める情報を示す」という極めてシンプルな開発原則に従い、グーグルは検索アルゴリズムの精度を高める努力を怠らない。とりわけ、検索アルゴリズムの改良にあたり考慮しなければならないのは、グローバル展開を見据えて他の言語でも使えるように改良することである。すなわち、アルゴリズム改良のアイディアを見つけたら、全世界の検索アルゴリズムに展開できるよう注力し、自国の言語でしか使えないアルゴリズムは極力排除する。そうすることで、アルゴリズムの複雑性に歯止めをかけることができる。このように、グーグルは試行錯誤を繰り返しながら、検索の精度やスピード、さらには検索結果の見せ方の工夫など、さまざまな観点から品質の向上に取り組んでいる。

一方でインターネットの普及とともに、ウェブ上のデジタルコンテンツが指数関数的に増えていくのに伴い、グーグルは「ユニバーサル検索（Universal Search）」という新たな検索サービスを開発する。ユニバーサル検索は、一度の検索でウェブページのリンクに加え、画像や動画、地図、ニュース、関連書籍、関連商品など、複数の異なる種類のデジタルコンテンツを混在させて表示するサービスである。グーグルは、この検索サービスの開発にあたり、検索スピードとリッチな検索結果との両立という難題を抱えることになるが、検索結果を充実させつつも検索精度を高めシンプルな画面表示を実現することで、この問題を解決することに成功する。

さらに、グーグルは検索した人物、場所、物事に合わせて、それらに関連する情報をアルゴリズムにより簡潔にまとめて、検索結果ページの右上部分に表示する「ナレッジグラフ（Knowledge Graph）」機能を新たに検索エンジンに追加する。表示される情報はナレッジグラフもしくはナレッジパネルと呼ばれ、それらは検索語と最も関連性の高い情報として一目でわかるようになっている。だが、ナレッジグラフやナレッジパネルは、従来広告が表示されていた場所に代わって入ることになったため、グーグルの収益には多少マイナスの影響を与える結果となった。

また、グーグルは検索サービスの利用に合わせて、検索者の命令を待たずして検索結果を表示する機能「グーグル・インスタント（Google Instant）」を新たに開発する。そもそもグーグルは、検索の質を決定する要素として検索スピードを重視し、これを最優先としてきたため、ほとんどの検索においてすでに10分の1秒以下という速さで検索結果を表示できるようになった。だが実際には、この時間に加えて検索者が検索語を入力する数秒の時間も検索時間としてカウントされるため、検索スピードが速いとは決して言えるものではなかった。グーグル・インスタントはこの一連のプロセスを根底から覆すものであった。それは、検索者がエンターキーを押す前に、さらには検索語を入力しているうちに検索結果を表示してしまうというものであった。この新たなる機能は検索者に2つの大きなメリットをもたらした。ひとつは、検索者が検索語を最後まで入力する必要も入力後のリターンキーを押す必要もないため、以前より素早く的確な検索結果に辿り着くことができるようになったことである。2つ目は、検索語の入力中に検索結果が表示されるため、その結果に応じて検索語を変更できるようになったことである。つまりそれは、検索者のお目当ての検索結果が見つかるまで、入力中の検索語を変更できる機会を検索者に与えるものであった。

「グーグル・サジェスト（Google Suggest）」もまた、検索にかかる時間を短縮するために生み出された機能である。グーグル・サジェストは、検索者が入力しようとしている検索語を予測し、いくつかの案をドロップ・ダウンメニューに表示してくれるサービスである。検索者がほんの数文字を入力したところで、候補となる検索語を提示してくれるため、検索語をすべて入力しなくてもドロップ・ダウンメニューからお目当ての検索語を選択できるため、検索者は必要な情報により早く辿り着けるようになった。

グーグルはこうしたPC向けのサイト検索サービスの品質向上を図る一方で、モバイル検索サービスの開発にも着手する。だが、そこには大きな試練が待ち受けていた。それは、開発当時モバイル向けのサイトは存在していたものの、デスクトップ向けのサイトほど豊富ではなく、有効なリンクがあまりなかったことである。そのため、サイト同士のリンクが重要な意味を持つページランクの検索アルゴリズムが機能しなかったことから、それまで培った検索アルゴリズム技術をモバイル検索サービスに流用することができなかった。そのため、モバイル用の検索エンジンの開発には、さまざまなチューニング（tuning：調整）が必要とされた。さらに当時、モバイル検索サイトは数多く立ち上がっていたが、これらのモバイル検索のチューニングには人気の高いワードやサイトへの偏りがあった。そのため、検索者が携帯でニュートラルに何でも検索できるという検索環境にはなかった。こうした点も踏まえて、グーグルはモバイル用検索アルゴリズムの改良を重ね、最終的にガラケーやスマホでもオープンでニュートラルなウェブ世界の検索を実現することに成功する。

このように、検索アルゴリズムを駆使したPCでもモバイルでも利用できる画期的なグーグルの検索エンジンは、イノベーションとしてグローバルレベルで大いに普及した。ウェブを検索する行為が、今日「ググる」という言い方で一般動詞化して定着していることこそがその証左である。この検索エンジンの進め方でもわかるように、グーグルのイノベーション展開は、「世に出してから手直しする」というアプローチを採る。

グーグルの場合、顧客に提供するのは物理的なプロダクトではなく、プログラムが組まれたソフトを用いてインターネット上で提供できるサービスであるため、このアプローチが可能となる。グーグルは革新的なサービスを開発した後、そのサービスの未熟な部分を補うために、漸進的な改良や改善を積み重ねることでより完成品に近づけていく。つまり、グーグルにとって、漸進的な改良や改善を意味する連続的イノベーションは、画期的な革新である非連続的イノベーションに劣らず、極めて重要なプロセスとして位置づけられる。グーグルのイノベーションはこうしたアプローチを採りながら、「世界中の情報を整理して万人に使えるようにする」というミッションの下で、さまざまな分野で展開されていくことになる。

グーグルマップは従来技術の組み合わせによる革新的なサービス

イノベーションは身近なものから起こる。普段何気なく利用しているサービスが、気づいてみればすでに日常生活に浸透し、もはやこれ無しではいられない必要不可欠なアイテムとなっている。まるでそれが以前から存在していたかのように思えることもしばしばある。グーグルには、そうした感慨を持たせてくれるサービスが多数存在する。地図サービスもそのひとつであろう。従来、目的地に行くには、ネット上に掲載されている地図を印刷するかもしくは雑誌に載っている地図を携帯して、これらを頼りに向かうべき方向を確認しながら、目的地に辿り着くしか方法はなかった。だが、グーグルマップの登場により、そうした状況は一変した。

グーグルマップは、２００５年2月に米国でウェブ版のサービスが始まったが、それ以前にも、ネット上で地図サービスを展開しているサイトは存在した。ただ、これらのサービスは、地図自体が大雑把に作られているばかりか、スクロールするたびにクリックしてページ全体をリロード（reload：再読込）しなければならなかったため、必ずしも利用しやすい実用的なものであるとは言えなかった。だが、グーグルマップは、Ajax（Asynchronous JavaScript + ＸＭＬ：ウェブブラウザ上で非同期通信を利用してインターフェイスの構築を行う技術）という従来の技術の組み合わせにより、新たなるユーザー体験を人々にもたらした。すなわち、JavaScriptのＨＴＴＰ通信機能とＸＭＬを使うことで、リロードせずにブラウザ上でインタラクティブに自由に地図を動かし拡大縮小させることを可能にした。グーグルによるAjaxの利用は、このように人々に新たなるユーザー体験をもたらしたばかりか、グーグルマップを通してAjaxの実用性を認知させることで、ウェブアプリケーションの可能性を広げる画期的なものであった。

だが、グーグルマップの革新性はこれだけに留まらない。グーグルマップのプラットフォームにローカル検索エンジンを搭載して、検索結果を地図上に載せられるようにした。この機能は従来のウェブ地図では実現できなかった機能で、グーグルがはじめて実現したオリジナル機能である。さらに、グーグルはこれにＧＰＳを組み合わせることで、現在位置を地図上に表示できるようにさせ、今いる地点から検索結果までの距離や道順に関する情報を、地図上でユーザーが一目で確認できるようにした。グーグルはこれらの機能を搭載したグーグルマップをウェブ版に加え、スマホでも使えるようにしたため、機動性の面からも利便性の向上を後押しすることになる。

さらに、グーグルマップでは航空写真による表示形式を取り入れ、実際の画像を見られるようにした。航空写真では特定のポイントをクリックするとストリートビューが選択でき、周辺の道路や建物が３Ｄ立体画像として表示される。その際、道路を起点として３６０度の全景をパノラマ画像として見ることもできる。こうした視点の傾斜や回転ができる機能は、立体画像ならではの機能であった。

このようにグーグルマップは、従来単独で存在し機能していたAjaxによるクリック・ドラッグする技術、ローカル検索エンジンによる検索技術、位置確認のためのGPS技術、衛星写真を閲覧できる技術という4つの技術をブラウザ上に実装して、ひとつのサービスとして利用できるようにした。グーグルは他社に先駆けて、こうした技術的な組み合わせを発想し実用化することで、グーグルマップという革新的なサービスを創出するに至った。

オープンソースはクローズドソースを駆逐する

グーグルが開発したアンドロイドは、モバイルOS（mobile OS）を標準化してグローバルレベルで広く普及させたという点で極めて画期的な技術であった。そもそも、アンドロイドが開発される以前はOSの標準化が図られていなかったことから、モバイル市場では各メーカーがバラバラに携帯電話を開発していた。市場では、独自のソフトウェアやアプリケーションが機種ごとに存在していたため、あるメーカーの端末で動くソフトウェアは他のメーカーの端末では動かないというように、ソフトウェアのプラットフォームに互換性がなかった。これは同一メーカーの端末でも同じ状況だった。したがって、開発企業は端末ごとに独自に開発を進めなければならなかったことから、過重なコスト負担により利益が出にくい状況にあった。そのため携帯電話のソフトウェアを手がける開発者はほとんどいなかった。グーグルの狙いはこのような状況に歯止めをかけ、開発者を増やすことでプラットフォームを独占することにあった。

グーグルがモバイル・プラットフォームを独占する必要性は、収入の大半を占める広告収入のさらなる拡大にあった。グーグルの収益モデルは、アドワーズやアドセンスによる広告プログラムが基盤となっており、収入を増やすためには顧客をグーグルサイトにいかに誘導するかがカギを握る。デジタルコンテンツをコントロールして、自社サイトに多くの顧客を誘導できれば、広告収入は結果として増えることになる。モバイル・プラットフォームを独占することは、まさしくグーグルにとって大きな命題であった。

こうした広告プログラムによるアプローチから、グーグルがモバイル・プラットフォームを独占するためには、必然的にオープン戦略を採らざるを得ない。なぜなら、ＯＳとして標準化されたアンドロイドのソースコードが無償で開示されることで、開発者は新たにＯＳを開発する手間やコストをかけずに自由にモバイル端末を作れるようになるため、アンドロイドのモバイル端末のバリエーションが増えることになり、そうなれば、グーグルは検索サイトを中心とした自社サイトに多くの顧客を誘導できるようになるからである。グーグルは、主にモバイル端末の画面にグーグルの検索サイトのデフォルト設定を義務づけること以外は、開発者に自由度を広く持たせている。たとえば、独自アプリストアの設定やコンテンツ・プラットフォームの自由な設定、さらにはソフトウェアに関する独自機能の設定などである。

アンドロイドが公開されて、モバイル市場にアンドロイド携帯が投入されたのは、iPhoneのリリースから約1年後のことであった。当初、グーグルはｉＯＳとの差別化を図るために、マルチタスクなどのアンドロイドの利点を強調することでアップルに対抗したが、アップルのモバイル市場での優位性を崩すことができなかった。それは、アップルとグーグルが採る非対称の戦略的アプローチに起因していた。グーグルがオープン戦略により、バリューチェーンを分業してアンドロイド携帯を製品化していたのに対して、アップルはグーグルと対照的にクローズ戦略を採り、バリューチェーンをすべて自社でコントロールしてiPhoneを製品化していた。そのため、アップルは完成度の高い最終製品を最初から創り出すことができた。

だが、グーグルは、メーカーや通信キャリア、ソフトウェア開発者などと強固なエコシステムを形成しながら徐々にアンドロイド携帯の完成度を高め、オープンソースの優位性を築いていく。所有者が存在せず、誰もが好きなように加工できるソフトウェアであるというオープンソースの特性は、開発者にとって十分魅力的であった。アンドロイドはその大部分がオープンソースであることから、グーグルはまさにこの利点を活かして、アンドロイドの採用者を増やすことができた。一方で、アップルが通信キャリアと独占販売契約を結んだこともグーグル陣営には追い風となった。なぜなら、iPhoneを販売できない通信キャリアが、アップルに対抗するための強力なモバイルＯＳを待望するようになったからである。彼らは次々とアンドロイドをモバイルＯＳとして採用し、グーグルやメーカーと協同して精力的に新たなスマホの開発に乗り出していく。

こうして、グーグルは強固なエコシステムの構築により、各プロセスでの標準化を果たすことで最終製品の完成度を向上させ、品質や性能面でアップルと互角に渡り合えるアンドロイド携帯を迅速に市場に提供できるようになっていく。アンドロイドは今や7割に近いモバイルＯＳの市場シェアを獲得し、モバイル・プラットフォームでの独占的な地位を築きつつある。かつて、マイクロソフトがウインドウズによりＰＣ市場でＯＳの独占を果たしたように、オープンソースがクローズドソースを駆逐することを、グーグルはモバイル市場でやり遂げようとしている。

検索連動型広告によるビジネスモデルイノベーションの展開

グーグルはアルゴリズムを駆使して検索エンジンを開発しイノベーションを起こしたが、企業が存続していくうえでは、これだけで十分であるとは言えない。なぜなら、利益を生み出す仕組み、すなわち収益モデルが確立していないからである。だが、グーグルは検索エンジンにアドワーズやアドセンスといった広告プログラム（広告は広告料やクリック数に加え検索語への適応度に基づき表示すべきであるとの考え方に立ち、検索語に適合する広告の質を評価したうえで広告適合度スコアを算出し、このスコアに基づいて広告をページのどこに表示すべきかを決定する仕組み）を結びつけ、検索連動型広告を開発することで会社として利益の出る仕組みを作り出し、収益モデルを確立するに至った。

このように、検索連動型広告は検索エンジンに広告プログラムを結びつけるという実にシンプルなビジネスモデルの組み合わせにより生み出されたイノベーションであるが、この組み合わせはネットワークの外部性により、グーグルの経済的価値を大いに高める効果を発揮した。

検索連動型広告は、まず、検索エンジンにより検索者を集めることで検索トラヒックを高め、検索語による絞り込みにより、検索者の関心を特定化してデータを収集する。その一方で、広告プログラムにより、特定化したこれらのデータに広告を結びつけることで、検索者による広告クリックを誘導するというものである。つまり、グーグルは検索連動型広告のプラットフォーム上で、検索者の数が増えれば増えるほど、このプラットフォームに広告を出稿する価値が高まり、広告主に大きな価値をもたらすという好循環をネットワークの外部効果により創り出した。

ただ、ここでの重要なポイントは、検索者による広告クリックスルーレート（click through rate：クリック率）をいかにして高めるかである。検索トラヒックを増やし、検索者の関心を特定化して収集したデータをいくら広告に結びつけたとしても、検索者によるクリックスルーレートが向上しなければグーグルの収入には結びつかない。グーグルにとってこの率を高めること、すなわちターゲティング広告の精度を向上させることこそが経済的価値を高めるうえで極めて重要である。グーグルは、検索者の関心を特定化するデータを絞り込むことでターゲティング広告の精度を高め、広告配信アルゴリズムを駆使しながら、検索連動型広告の質を高め続けている。

こうしたクリックスルーレートの推移を計測しこれらの実績を活用することはもちろんのこと、さらにグーグルは、新しい広告のクリックスルーレートを予測するシステムの構築にも取り組んでいる。グーグルは機械学習（machine learning）システムをベースに、検索者がクリックしたすべてのデータを分析し、その結果を基にして広告のいかなる要素がどのような影響を及ぼすかを予測している。このように、どのような検索者がクリックしているのか、グーグルは将来的に広告全体がうまく機能するよう見積もることで、検索連動型広告の質を高めている。

こうした検索連動型広告の質の向上は、広告主との交渉でより有利な条件提示をグーグルに可能にしたことから、ヤフーやマイクロソフトといった競合企業の追随を許すものではなかった。

コンテナの概念を取り込んだ革新的なデータセンターの構築

グーグルが提供するサービスは、検索サービスをはじめウェブアプリケーションにいたるまで、そのほとんどがクラウド型のサービスであることから膨大な数のサーバーを必要とし、その数はすでに100万台を超えると言われている。通常、サーバーは発熱を伴うため、正常な稼働を維持するためには冷却が必要となる。なぜなら、発熱はサーバーの故障率を上昇させ寿命を短くし、最終的にはシステム停止を招くからである。

このように、サーバーの維持には冷却を伴うことから、多くの企業はデータセンターを設置して、サーバーを一箇所に集めて集中的に管理している。データセンターでは冷却による大量な電力消費を伴うため、電力消費効率をいかに高めるかが課題となる。グーグルはその冷却方法として、一般のデータセンターが採っている電気式のエアコン冷却という従来の方式は採用せず、より高い電力消費効率が見込まれる方式を多方面にわたり模索した。その結果、水冷方式に着目する。グーグルは貨物輸送用のコンテナの概念をデータセンターに持ち込むことで、水冷方式を実用化することに成功する。冷水を供給するホースをコンテナにつなぎ、冷水をラジエーターに送り込むことでコンテナ全体を冷却するというのがその仕組みである。この方式はサーバーの集積度が高いことや、密閉が効くというコンテナの特性が十分に活かされるものであった。実際グーグルは、このコンテナの中に数百から2000台ほどのサーバーを詰め込んで、コンテナ型データセンター（container-type data center）を運用している。

また、グーグルはデータセンターの設定温度の面でも他のデータセンターとは一線を画している。通常一般のデータセンターでは、サーバールームの室温を20度以下に設定して運用しているが、グーグルはデータセンターの温度を上げることが消費電力の削減につながるとの考えの下に、サーバールームの最適温度を28度に設定している。自社の実証研究からセ氏50度以下であれば、温度の高さとハードディスクの故障率との間には相関関係が存在しないとの研究結果を導き出し、これをグーグルが設定している最適温度の裏づけとしている。

こうした一連の取り組みは、グーグルの電力消費効率を大いに高めるものであった。データセンターの電力消費効率を示す指標としては、ＰＵＥ（Power Usage Effectiveness）が一般的に知られている。ＰＵＥとは、施設の全消費電力をサーバーなどのＩＴ機器の消費電力で割った値で、データセンターの消費電力全体が、ＩＴ機器が消費する電力の何倍に相当するかを示すものである。よって、ＰＵＥが１・０に近いほど、そのデータセンターの電力消費効率が良いことになる。世界の大型データセンターの平均が１・７であるのに対して、グーグルが運用するデータセンターのＰＵＥは、年平均で１・１２（２０１３年第

4四半期実績）であることから、グーグルの電力消費効率が極めて高いことがこれらの数値からうかがえる。

このように、グーグルは従来のデータセンターの概念に縛られることなく、まったく別の次元に存在するコンテナの概念をデータセンターに持ち込むことで、コンテナ型データセンターという革新的なデータセンターを構築し経済的価値を高めるに至った。グーグルはコンテナ型データセンターの特許をすでに2003年に取得しているが、その後、サン・マイクロシステムズやマイクロソフトなど世界中の多くの企業が、その電力消費効率の高さからコンテナ型データセンターの採用に踏み切っている。

イノベーションを生み出すプロセス――基本はオープンイノベーション

グーグルは検索エンジンの開発以降、新たにウェブアプリケーションや基盤技術の分野で画期的な製品や技術を多数開発し製品化してきた。それでは、グーグルはこれらの製品や技術をどのようなプロセスを経て製品化しているのであろうか。

そもそも、グーグルは新しい分野で新しい製品やサービスの開発に狙いを定めると、企業買収により、その製品やサービスを完成させるための技術を周到に集めていく。たとえば、グーグルマップをローンチするために、ZipDashやWhere2、Keyholeを買収している。ZipDashが保有するＧＰＳ機能を使った道路の渋滞状況を携帯電話の画面上に表示する技術は、グーグルマップのローカル検索機能との親和性が高く、また、Where2の強みであるウェブマッピング技術はマッピングのリソースを持たないグーグルにとって極めて魅力的であり、さらに、衛星や航空機などで撮影した画像に加え、道路地図情報、建物や企業情報など、さまざまな情報を組み合わせたデータベースや、これらの情報をウェブアプリケーションで提供できるKeyholeの技術は、グーグルマップの航空写真機能を全面的にバックアップする機能であった。これらの技術は、いずれもグーグルマップを製品化するうえで、技術面だけでなくインプリケーションのノウハウの面からも大きな貢献を果たすことになる。

また、スマホ事業を立ち上げるために、グーグルはAndroidやSkia、allPAY GmbH、bruNET GmbH、Zingku、Jaikuなどを買収している。これらの企業は、ＯＳやグラフィックエンジン、モバイルソフト、モバイルＳＮＳ、モバイルブログなどの技術を保有している会社であり、グーグルは自社開発が難しい技術などをこれらの企業を買収することで補い、モバイル技術を強化している。

こうした企業買収により必要な技術の収集に目途が立つと、今度は、プログラマーを筆頭にしてグーグルの優秀な技術者たちが製品化を進めていく。彼らは主に技術面でサポートしながら、製品やサービスの性能を最大限に引き出せるように、システムの構成や設定をチューニングしていく。そもそも優秀なエンジニアは他の優秀なエンジニアと働くことを好む。彼らは自分たちが最高と思えるメンバーを集めて自主的にチームを形成し、チーム内でビジョンを共有し仕事を分担し、ハードワークをこなしながら強いチームを作り上げていく。個々のエンジニアは製品開発に参加するだけでなく、製品の意思決定プロセスにも参加し貢献したいと考えている。チームの全員が製品の成功に強い責任感を持つことで、チームとして強い文化が形成される。強い文化は、チームに集中と効率と強度をもたらす。このように、優秀な技術者たちは、強い文化を醸成することでチームを強化し、世界を変えるという強い使命感のもとに、万人を喜ばすことのできる製品を作り上げていく。

こうして製品化にこぎつけると、まず、米国市場でローンチし顧客の製品に対する反応を確認する。一般にグーグルのサービス展開は、米国から英国へと英語圏からスタートし、その後、フランス語、イタリア語、ドイツ語、スペイン語と順次言語展開していく。こうしたグローバル展開を進める過程において、重要なキーパーソンとなるのがプロダクトマネージャー（product manager）である。彼らは、サービスをローカライズしていくうえで欠かすことのできない存在である。プロダクトマネージャーは、自部門の人材でメンバーが十分でない場合には、草の根運動的に社内スタッフを説得して回りチームを編成していく。チームメンバーとして声をかけられた人たちは、従来のミッションの他に所属組織とは無関係な新たなミッションが加わることになるため、その実効性が問われることになるが、グーグルには「20％ルール」（社員が勤務時間の20％を自分が担当している業務以外の分野に使うことを義務づけるルール）が存在するため、新たなミッションの遂行が可能となる。こうして、プロダクトマネージャーはサービスを開発するスタッフや技術者とともにチームのミッションを共有しながら、難しいローカライゼーションに果敢に挑み、グローバル展開を推進していく。

イノベーションを生み出す企業文化と組織のあり方

グーグルの企業文化は、一言では語りつくせない。会社の気質がそこで働く人々の気質の総和であるとの理解から、素晴らしい気質の会社すなわち革新性に富んだ会社を創るために、グーグルは理想とする人材を「スマート・クリエイティブ」と称し、リクルートの選定基準として設定している。『How Google Works――私たちの働き方とマネジメント』の中でエリック・エマーソン・シュミット（Eric Emerson Schmidt）らが、スマート・クリエイティブに当てはまる特徴として、高度な知識を持っている、経験値が高い、分析力に優れている、ビジネス感覚が優れている、競争心が旺盛である、ユーザーを十分に理解している、好奇心が旺盛である、リスクを厭わない、自発的に行動する、あらゆる可能性にオープンである、細部まで注意が行き届く、コミュニケーションが得意であることを挙げている。これらの特徴をすべて兼ね備えた人材が世の中には数えるほどしか存在しないことを前提に、グーグルは「ビジネスセンス」、「専門知識」、「クリエイティブなエネルギー」、「自分で手を動かして業務を遂行しようとする姿勢」の4つをスマート・クリエイティブの基本的要件として掲げている。

グーグルの経営者たちは、こうした要件を備えたスマート・クリエイティブが自由にモノを考える環境をマネジメントすることに注力している。たとえば、能力主義を徹底させるために、「異議を唱える義務」を重視する文化を社内に浸透させている。ある考え方に問題を感じれば、懸念を表明する必要性が生じる。なぜなら、意思表明をしなければ、最高とは言えない考え方が社内でまかり通ることになるからである。能力主義は、意思決定を高めるとともに従業員のすべてが自分は大切にされ、多大な権限を与えられていると感じられる環境を創り出してくれる。異議を唱える義務を重視する文化は、何事にも明確な意見を持ち、常に発言する姿勢を持つといったスマート・クリエイティブの習性を十分に活かすものであった。

一方で革新性に富んだ会社を創るためには、相応の組織づくりが必要となる。グーグルはさまざまな方針から理想とする組織づくりを進めているが、非連続性を生み出す視点から特に重要なのは、次の2つの方針である。ひとつは、組織をフラットに保つことである。グーグルは、スマート・クリエイティブが常に意思決定者と直接折衝できるようにするため、フラットな組織づくりを心がけている。フラット化により、スマート・クリエイティブの斬新で画期的なアイディアが常に意思決定者に届くことになれば、スピード感をもった仕事が可能となるし、何よりもこうしたアイディアが埋もれずに成就することになる。グーグルではフラットな組織を保つために、「7のルール」を採用している。これは、意思決定者が最低でも7人の直属部下を持たなければならないというルールである。本来フラットな組織を作るには、中間管理職を全廃する必要があるが、現実には不可能であるため、このルールが設けられた。このルールの導入により、組織がフラットになることで、スマート・クリエイティブの自由度はより大きくなった。

2つ目の方針は、組織を機能別にすることである。組織を事業部、もしくはプロダクトライン別に編成すると、個々の事業部が自分たちのメリットだけを考慮して動き、人や情報の自由な流れといった流動性が阻害されることになるため、グーグルでは機能別に組織を編成している。確かに、エンジニアリング、プロダクト、セールス、財務、法務などの機能別に編成された組織であれば、新たに革新的なアイディアが生まれたときに、それを孵化させるため人材や情報を横断的に適材適所で使うことが可能となり、イノベーションが展開しやすくなる。流動性を伴う組織こそ、イノベーションとの親和性が高いというわけである。こうした流動性は、20%ルールによりさらに促進されることになる。20%ルールの最も重要なる成果は、そこから生み出される新しいプロジェクトやプロダクトではなく、普段一緒に仕事をする機会のないさまざまな組織の人間と協力し、通常業務では使わないスキルを学び新しい試みにチャレンジすることで、一人ひとりの社員が革新性の面からより多くの経験を学ぶことにある。多くの経験を積むことでスマート・クリエイティブがさらに優秀なる企業家に育つというわけである。

グーグルの組織は、フラットな組織にしても、機能別組織にしても、プロダクトの優位性に意識を集中させることがその前提となっている。最高のプロダクトを人々に届けるには、どうすれば良いか。それは、優れたアイディアを生み出す可能性を秘めたスマート・クリエイティブに大きな自由度を持たせることである。彼らが与えられた責任を果たせるのは、まさにグーグルに根づく企業文化と組織によるところが大きい。

イノベーションへの適正なるリソース配分

イノベーションを奨励する際に一番してはならないことは、資金を与え過ぎることである。このことをグーグルは企業として十分に理解していた。グーグルは従来リソースの配分やプロジェクトのポートフォリオを決めるのに、「トップ100リスト」を利用していた。これはプロジェクトを重要な順に並べたリストであるが、会社が成長するにつれて、このようなシンプルな方法ではリソース配分やポートフォリオの決定が難しいとの懸念が強まることとなった。

そこで、トップ100リストを見直し、全社で進められているプロジェクトのクラスタリングを試みた。その結果、70対20対10の割合でリソース配分を行うのが最適であるとの結論に達した。すなわち、リソースの70%を検索エンジンや検索連動型広告といったコアビジネスに、20%を成功まぢかの成長プロジェクトに、10%を失敗のリスクは高いものの成功すれば大きなリターンが期待できる新規プロジェクトに充てるというものであった。

この「70対20対10のルール」は、以降グーグルのリソース配分の羅針盤として大いに機能する。会社のリソースの大部分はコアビジネスに投入され、残りのリソースは有望なる成長プロジェクトを中心に突拍子もないアイディアにも多少配分される。今日までにグーグルのイノベーション展開が成功しているのは、多少配分という10%のさじ加減が奏功しているからである。多大なリスクを伴う新規プロジェクトに投資し過ぎるのは、投資が不足するのと同じくらい問題であることをグーグルは十分にわきまえている。過剰な投資は失敗の判断を困難にし、過少な投資は革新の芽を摘む。新規プロジェクトへの適正配分を10%に制限することで、グーグルは健全なる意思決定とリソース不足を創意工夫で補う術を手に入れたのである。

グーグルカーが目指すもの

グーグルは2つのアプローチから自動車産業への参入を進めている。ひとつは、自社のOSであるアンドロイドを車載システムに組み込むことで車内の娯楽やナビゲーションを充実させる取り組みである。グーグルは、GM、アウディ、ホンダ、ヒュンダイといった既存の自動車メーカーなどと、OAA（Open Automotive Alliance）というコンソーシアムを立ち上げて、これらの開発を進めている。

2つ目の動きは、自動運転車であるグーグルカーの開発である。自動運転車とは、自動車や歩行者など周囲の障害物を認識して、交通状況に応じながら的確なステアリング操作をコンピュータが行い、人の力を借りることなく目的地まで連れていってくれる自動車を意味する。開発中のグーグルカーには、ハンドルやアクセル、ブレーキペダルがなく、乗車してスタートボタンを押せば、車が目的地に向かって動き出してくれる。グーグルカーは100パーセント自動運転であるため、走行中は運転に気をとられることなく、会話や読書、睡眠など自由に過ごす時間に充てることができる。

こうした2つのアプローチで、グーグルは次世代自動車の開発を進めているが、非連続性の観点から見ると、2つ目の動きが特に重要である。グーグルは、グーグルカーを開発するうえで、既存の自動車に自動運転機能を追加するという方法を採らず、ゼロから独自に開発を進めている。グーグルが考える自動運転の基本は、4種類のデータを重ね合わせることにある。まず、GPSによりおおよその位置を測定する。次に、ピカサ（Picasa：画像管理ソフト）を使い、グーグルマップやグーグルアースを基に地図データのベースを作成する。さらに、交通標識や信号機、路面の表示などのインフラ情報を打ち込んだデータをその上に載せる。最後に、グーグルカーで収集した3Dマップを重ねる。グーグルはこれら4つのデータを重ね合わせることにより、位置情報の精度を高めている。

一方運転中に瞬時に変化する周囲の環境を的確に判断して、それに応じた命令を動力系統に与えることも自動運転には必要不可欠である。グーグルは、グーグルカーに多数のセンサーを備えることでこれに対応している。中でもグーグルカーの心臓部と呼ばれ重要な役割をしているのが、ライダー（Lidar）である。車体ルーフ上に取りつけられたこの装置は、1分間に300～900回転し、音波により車体の周囲360度を3Dマップ化している。しかも測定可能距離は、路面状況は車体から約50メートル、建物などの物体は約120メートルにも及ぶ。

また、フロントバンパーに3つ、リヤバンパーに1つ完備されているレーダー探知機は周りの物体を検出し、前方200メートルまでに走行する自動車を発見すると、自動的に減速し車間距離を保つ役割を果たす。さらに、ソナーが音波により物体を探知し、約6メートルの距離を水平方向60度の範囲でカバーする。この他にも、ステレオカメラや位置特定用カメラ、ポジションセンサーなど多数のセンサーがグーグルカーには配備されている。グーグルはこれらのセンサーを駆使することで、情報の精度を高めるとともに安全性を確保している。

グーグルの共同創業者であるセルゲイ・ブリンは、こうしたグーグルカーを「消費者が使いたいときにだけ使うオンデマンドサービスである」と表現している。もし、こうした使い方が現実のものとなれば、従来自動車を所有し利用してきた自動車産業の基本概念を大きく転換させることになる。

また、人による運転から車による自動運転への切り替えは、利用者とメーカーの双方に大きな価値をもたらす可能性を秘めている。利用者にしてみれば、100パーセント自動運転の実現は、走行中の自由時間やドライブのあり方を新たに提案してくれるものであり、人的ミスによる交通事故の危険性を回避してくれるものでもある。現代の交通事故のほとんどが人的ミスに起因していることを考慮すれば、その効用は計り知れないものとなるであろう。だが一方で、自動運転車に事故が起きた場合の法的責任などは課題として残ることになる。

他方メーカーにしてみれば、自動運転車は乗る人に特別なスキルを必要としないことから、自動運転車の利用者が増えることになり、新たな経済的価値が期待できる。しかし、自動運転車の実現には、安全性を担保できる技術の開発とそれにかかるコストとのバランスや合理的なビジネスモデルの構築、さらには新たなパートナーシップやエコシステムの構築など、流動的な要素が残されていることも確かである。

グーグルカーの開発は、成熟期を迎えた重厚長大な自動車産業に構造的な破壊をもたらすとともに、新たなるビジネスの可能性を広げようとしている。グーグルは、最終的に自動車産業でも自社がこれまで構築してきたビジネスモデルを貫き通すであろう。それはアンドロイドを組み込んだ自動運転車としてのグーグルカーをオープンソースとして公表し、無償でメーカーに製造させることでグーグルの占有率を高め、車内の娯楽やナビゲーションなどウェブアプリケーションを充実させることで、広告収入に結びつけるというものである。グーグルがアンドロイドの組み込みと自動運転車の2つのアプローチから次世代自動車の開発を進めていることがその証左でもある。グーグルは圧倒的なテクノロジーの力を背景に、今後もさまざまな分野でムーンショットを連発するであろう。グーグルによるイノベーションの歩みは、止まるところをしらない。

▼参考文献

1 フレッド・ボーゲルスタイン著『アップル vs. グーグル――どちらが世界を支配するのか』（新潮社・２０１３年）

2 上阪徹著『僕がグーグルで成長できた理由（わけ）――挑戦し続ける現場で学んだ大切なルール』（日本経済新聞社・２０１４年）

3 Brian W. Fitzpatrick著『Team Geek ――Googleのギークたちはいかにしてチームを作るのか』（オライリージャパン・２０１３年）

4 日経コンピュータ編『Googleの全貌――そのサービス戦略と技術』（日経ＢＰ社・２０１０年）

5 中田敦他著『クラウド大全』（日経ＢＰ社・２０１１年）

6 Luiz Andre Barroso, Jimmy Clidaras, Urs Hoelzle (2013) *The Datacenter as a Computer: An Introduction to the Design of Warehouse-Scale Machines*, Morgan & Claypool Pubishers.

7 Eduardo Pinheiro, Wolf-Dietrich Weber, and Luiz André Barroso Google Inc. (2007) “Failure Trends ina Large Disk Drive Population,” 5th USENIX Conference on File and Storage Technologies - Paper.

8 Google, “Efficiency: How we do it” (http://www.google.com/about/datacenters/efficiency/internal/)

9　REUTERS,「焦点：開発進む自動運転車、米グーグルと自動車業界は「同床異夢」」2014年7月2日（http://jp.reuters.com/article/topNews/idJPKBN0F709R20140702）

10　桃田健史著『アップル、グーグルが自動車産業を乗っとる日』（洋泉社・2014年）

11　エリック・シュミット共著『How Google Works——私たちの働き方とマネジメント』（日本経済新聞出版社・2014年）

第5章

アップル、アマゾン、グーグルはなぜ米国から生まれるのか

なぜ、米国はイノベーション大国か

米国では、次から次へと革新的な企業が現れる。アップルやアマゾン、グーグルを筆頭に、インテルやマイクロソフト、デル・コンピューター、オラクル、イーベイ、セールスフォース・ドットコム、フェイスブック、ツイッターなど枚挙に暇がない。これらの企業は革新的な製品やサービス、技術を開発し、その実用化を図り顧客に経済的価値をもたらすことで普及を果たすことに成功した。それではなぜ、こうした革新的な企業が米国から次々と生まれるのであろうか。この命題に対する答えは、イノベーションが米国から断続的に生まれる理由を考えれば自ずと見えてくる。

米国がイノベーション大国であるのは、主に3つの要因から考えられる。1つ目の要因は歴史的背景である。米国は欧州を捨てた人々が建国した国で、建国以来ヨーロッパ大陸とは異なる新たなる文化を創造してきた。そのため、イノベーションに求められる「非連続性」の文化が、米国には刻み込まれている。反対に、欧州や日本は伝統や格式を重んじるため、過去との決別が困難となり非連続的なイノベーションが生まれにくい。

2つ目は国民性である。米国は集団や組織より、個人、特に英雄を称賛し重んじる国民性を持っている。組織力は既存の価値を基にして技術進歩を促進するには有効であるが、組織が求める合意は、過去との決別を必要とするイノベーションを阻害する面がある。イノベーションを起こせるのは、個性や強烈なパワーを持った企業家であり、それを許す国民性である。

3つ目は社会制度である。米国では、企業家を主に資金面で支援する「VC（Venture Capital：ベンチャー・キャピタル）」の存在と制度が確立している。セコイアキャピタル（アップルやグーグルを支援）やクライナー・パーキンス・コーフィールド・アンド・バイヤーズ（KPCB、アマゾンやグーグルなどを支援）など多くのVCが、新興企業の資金面や経営面の支援を行っている。

このように、米国にはイノベーションが生まれる要因が備わっている。こうした要因の他にも、米国には労働市場における流動性の高さなど、イノベーションが生まれやすい要因がある。米国では高いスキルを持った技術者や有能な経営者が退職して新たに起業し、新しい会社を創業するケースが実に多く見られる。この傾向は、米国で企業家を支援し育成しているカウフマン財団の統計値にも如実に表れている。米国の企業家の平均年齢は上昇傾向にあり、起業活動が最も盛んな年齢は55歳から64歳であるとの結果が出ている。すなわち、年配の技術者や経営者が、企業家として情熱を持ち、リスクを恐れずに起業活動に積極的に取り組んでいるのである。こうした多くの技術者や経営者は、既存の企業に勤めながら次のイノベーションに取り組むため、創業した新たな会社では画期的なイノベーションが生まれる潜在性を秘めている。

米国は個人主義を重んじる国民性か

米国は個人主義が高い国なのであろうか。それを立証する研究のひとつに、「ホフステッド指数」がある。ホフステッド指数は、従来難しいとされていた「国民性」の数値化を試みた研究で、ヘールト・ホフステッド（Geert Hofstede）により考案された。ホフステッドは１９７０年代後半に、多国籍企業であるＩＢＭ社の世界40カ国の従業員11万人を対象にして彼らに質問票を送り、そのデータを使って各国の国民性を分析した。統計分析の結果、ホフステッドは国民性という概念が次の４つの次元から成り立つことを明らかにしている。

①個人主義（Individualism）⇕集団主義（Collectivism）：その国の人々が、個人を重んじるか（個人主義）、集団のアイデンティティを重んじるか（集団主義）、を示す指標

②権力の格差（Power Distance）：その国の人々が、権力に不平等があることを受け入れているか、を示す指標

③リスク回避性（Uncertainty Avoidance）：その国の人々が、不確実性を避けがちな傾向であるか、を示す指標

④男らしさ（Masculinity）：その国の人々が、競争や自己主張を重んじる「男らしさ」で特徴づけられるか、を示す指標

その後ホフステッドは、1980年に発表したこれら4つの次元から成り立つ「国民性」の概念に、新たに2つの指標を追加している。すなわち、1991年に追加した「長期主義」と、2011年に追加した「自己抑制」指標である。

⑤長期主義（Long Term Orientation）：その国の人々が、長期的な視野をとるか、を示す指標

⑥自己抑制（Indulgence）：その国の人々が、自己抑制的か、を示す指標

ホフステッド指数の6つの指標のうち、組織力が既存の価値を基にして技術進歩を促進するには有効だが、組織が求める合意は、過去との決別を必要とするイノベーションを阻害する面があるとの観点から、ここでは「個人主義」に着目してみたい。図表5－1に示したホフステッド指数の個人主義の欄から各国の数値を検証してみると、米国の「個人主義」指数は100で、全91カ国のうち第一位となっている。この結果は、組織という集団より個人を重んじる米国の国民性を顕著に示すものである。その他の国では、米国に似た歴史的背景を有するオーストラリアや英国の数値が高い。一方で欧州は、やや高い国と低い国とが混在している。

このように、米国は個人主義の傾向が極めて強く個人主義を重んじる国民性を有する国であることから、イノベーションを創出する要因は十分に備わっていると考えられる。

米国ベンチャー・キャピタルの誕生と発展の歴史的背景

米国のVCの発展は、1980年代以降急速に発展したコンピュータ技術やインター

図表5-1　ホフステッド指数　I

国名	個人主義	順位	権力の格差	順位	リスク回避性	順位	男らしさ	順位	長期主義	順位	自己抑制	順位
日本	47	34	46	64	81	10	100	1	82	8	42	44
アルゼンチン	47	34	41	66	75	16	57	33	18	65	62	25
オーストラリア	99	2	27	78	41	62	62	25	22	60	71	12
オーストリア	58	27	0	91	60	39	82	5	43	36	63	23
バングラデッシュ	16	68	74	20	50	53	56	35	41	37	20	65
ベルギー	81	9	58	48	83	7	54	36	87	3	57	27
ブラジル	38	40	62	41	65	35	49	44	50	30	59	26
ブルガリア	28	47	63	34	74	22	39	60	72	13	16	71
カナダ	87	4	30	76	38	74	52	38	27	52	68	15
チリ	20	64	56	52	75	16	26	79	30	49	68	15
中国	16	68	74	20	21	84	68	13	100	1	24	64
コロンビア	8	87	60	45	69	29	66	18	10	71	83	5
クロアチア	32	45	67	32	69	29	39	60	60	20	33	52
チェコ	61	26	49	60	63	38	58	30	73	12	29	56
デンマーク	80	10	8	89	14	89	12	86	34	44	70	13
ドミニカ	28	47	58	48	36	78	67	16	10	71	54	32
エジプト	22	56	63	34	69	29	44	50	3	77	4	76
エルサルバドル	15	76	59	46	83	7	39	60	18	65	89	3
エストニア	64	20	31	73	50	53	28	78	87	3	16	71
フィンランド	67	19	24	83	49	55	23	80	38	41	57	27
フランス	76	11	61	42	75	16	42	54	66	16	48	38
ドイツ	72	17	26	79	55	47	68	13	57	24	40	47
ガーナ	11	81	74	20	55	47	39	60	0	78	72	11
ギリシャ	34	43	53	55	100	1	58	30	46	35	50	35

出典：ホフステッドのホームページより作成

図表5-1 ホフステッド指数 II

国名	個人主義	順位	権力の格差	順位	リスク回避性	順位	男らしさ	順位	長期主義	順位	自己抑制	順位
香港	22	56	61	42	20	86	58	30	74	11	17	69
ハンガリー	87	4	38	69	71	26	92	3	60	20	31	54
アイスランド	64	20	20	86	40	64	6	88	27	52	67	19
インド	49	32	71	28	31	80	57	33	52	28	26	61
インドネシア	9	84	72	25	38	74	46	48	64	17	38	49
イラン	41	36	51	58	49	55	42	54	11	68	40	47
イラク	28	47	90	3	74	22	72	7	23	57	17	69
アイルランド	75	13	18	87	26	82	70	11	22	60	65	22
イタリア	82	8	42	65	64	37	72	7	63	18	30	55
ラトビア	75	13	35	71	53	52	4	89	72	13	13	75
リトアニア	64	20	33	72	55	47	16	83	87	3	16	71
レバノン	40	37	69	30	40	64	67	16	11	68	25	62
ルクセンブルク	64	20	31	73	60	39	50	39	67	15	56	30
マレーシア	24	55	100	1	27	81	50	39	41	37	57	27
メキシコ	28	47	75	17	71	26	71	10	22	60	97	2
モロッコ	22	56	63	34	58	45	53	37	11	68	25	62
オランダ	87	4	29	77	43	61	10	87	53	25	68	15
ニュージーランド	86	7	12	88	39	72	59	28	28	51	75	10
ナイジェリア	28	47	74	20	45	58	61	26	10	71	84	4
ノルウェー	74	15	22	84	40	64	3	90	34	44	55	31
パキスタン	9	84	47	63	60	39	50	39	23	57	0	77
ペルー	12	79	57	50	76	15	41	57	23	57	46	40
フィリピン	31	46	89	7	35	79	66	18	20	64	42	44
ポーランド	64	20	61	42	82	9	66	18	31	48	29	56
ポルトガル	25	53	56	52	92	2	29	77	27	52	33	52

出典：ホフステッドのホームページより作成

図表５−１　ホフステッド指数　III

国名	個人主義	順位	権力の格差	順位	リスク回避性	順位	男らしさ	順位	長期主義	順位	自己抑制	順位
ルーマニア	28	47	85	10	79	13	41	57	53	25	20	65
ロシア	39	38	88	9	84	6	34	74	86	7	20	65
サウジアラビア	22	56	90	3	69	29	61	26	36	43	52	34
セルビア	22	56	81	15	81	10	42	54	53	25	28	59
シンガポール	16	68	68	31	0	91	48	45	58	23	46	40
スロバキア	54	29	100	1	41	62	100	1	81	9	28	59
スロベニア	25	53	65	33	77	14	16	83	50	30	48	38
南アフリカ	69	18	41	66	39	72	64	22	33	46	63	23
韓国	14	77	53	55	74	22	38	70	87	3	29	56
スペイン	53	31	49	60	75	16	41	57	49	32	44	43
スウェーデン	76	11	22	84	20	86	0	91	40	39	78	9
スイス	73	16	25	82	48	57	72	7	78	10	66	20
台湾	13	78	51	58	59	44	44	50	88	2	49	36
タンザニア	22	56	63	34	40	64	39	60	33	46	38	49
タイ	16	68	57	50	54	51	32	75	40	39	45	42
トリニダードトバゴ	12	79	39	68	45	58	59	28	10	71	80	8
トルコ	36	41	59	46	74	22	44	50	47	34	49	36
アラブ首長国連邦	22	56	85	10	69	29	50	39	—	—	—	—
英国	98	3	26	79	26	82	68	13	52	28	69	14
米国	100	1	31	73	37	77	63	24	21	63	68	15
ウルグアイ	35	42	54	54	88	4	37	71	24	56	53	33
ベネズエラ	7	88	75	17	65	35	76	6	13	67	100	1
ベトナム	16	68	63	34	21	85	39	60	59	22	35	51
ザンビア	34	43	53	55	40	64	39	60	29	50	42	44

出典：ホフステッドのホームページより作成

ネットを中心とした通信技術などの技術革新と切り離すことができない。なぜなら、情報通信における技術革新、いわゆるＩＴ革命（Information Technology Revolution）は、市場や産業構造のあり方に劇的な変化をもたらし、事業機会の拡大に大きく寄与したからである。ＩＴ革命はＰＣの技術開発が発端となり、インターネット技術の実用化、さらにはネットワークや伝送路技術の発展に伴い、これらの技術が相互に接続されることで巨大な電子社会を形成した。

コンシューマ向けのＰＣとして市場を最初に開拓したのは、１９７４年に発売されたＭＩＴＳ（Micro Instrumentation and Telemetry Systems）のAltair 8800である。マイクロプロセッサーを採用し、後のＰＣ発展の起爆剤となった。その後、１９７７年にアップル・コンピュータがアップルIIを発売することで、ＰＣ市場での普及が進むようになる。さらに、16ビットＣＰＵを採用したＩＢＭの市場参入とともに、ＰＣ互換機市場も急速に拡大していく。１９９０年代に入ると多数のメーカーがマイクロソフトのウインドウズＯＳを搭載したＰＣを供給するようになり、過当競争の時代を迎えＰＣは市場に浸透し急速な普及を遂げるようになる。

他方、インターネットの普及に伴いＰＣというスタンドアローンを結ぶネットワークや伝送路技術も発達し、情報通信市場における点と線が指数関数的につながるようになる。元来、インターネットは米国の軍事目的で開発された分散型のネットワークであったが、これが学術機関のネットワークに転用され、1990年代初頭には民間での利用が可能となった。インターネットの本格的な利用が促進された1990年代後半以降、ネットワークはアナログからデジタル技術へと移行し、これに呼応して伝送路技術もADSLなどの銅線から光ファイバーへと移行していく。

こうした通信インフラが整備されることで高度情報化社会が実現され、次々と事業機会も拡大していく。新たに顕在化した事業機会は、スタートアップと呼ばれる新興企業が誕生することで具現化され、大小を問わずビジネスとして成長していく。多くのスタートアップはいつしか集約し、やがてシリコンバレーと呼ばれるイノベーションの聖地を創り出すことになる。シリコンバレーでは、スタートアップによる事業化を主に資金面で支援する投資家が現れ、新たに開発された技術をイノベーションへと導く役割を果たす。その支援の中心的な役割を担ったのがVCである。VCの投資総額は2000年に922億ドルとピークを迎え、そのほとんどがオンライン関連のスタートアップに投資されている。

VCはシリコンバレーに根づき、サンドヒルロードを中心に今では無数のVCが存在する。アンドリーセン・ホロウィッツ（Andreessen Horowitz）、エレベーション・パートナーズ（Elevation Partners）、クライナー・パーキンス・コーフィールド・アンド・バイヤーズ（Kleiner Perkins Caufield & Byers）、グレイロック・パートナーズ（Graylock Partners）、シャスタ・ベンチャーズ（Shasta Ventures）、セコイア・キャピタル（Sequoia Capital）、チャールズ・リバー・ベンチャーズ（Charles River Ventures）、ドレイパー・フィッシャー・ジャーベットソン（Draper Fisher Jurvetson）、ニュー・エンタープライズ・アソシエイツ（New Enterprise Associates）、ピクォート・ベンチャーズ（Pequot Ventures）、ブラックストーングループ（Blackstone Group）、ベンチマーク・キャピタル（Benchmark Capital）、ベンロック・アソシエイツ（Venrock Associates）、メイフィールド・ファンド（Mayfield Fund）、メンロー・ベンチャーズ（Menlo Ventures）、モーゲンサラー・ベンチャーズ（Morgenthaler Ventures）、モール・ダビドウ・ベンチャーズ（Mohr Davidow Ventures）、ライトスピード・ベンチャー・パートナーズ（Lightspeed Venture Partners）、リープフロッグ・ベンチャーズ（Leapfrog Ventures）、レッドポイント・ベンチャーズ（Redpoint Ventures）、ＵＳベンチャー・パートナーズ（U.S. Venture Partners）など、世界的にも有名なＶＣがこの地に集結している。

リスクを引き受けるベンチャー・キャピタルとローリスク・マネーの恩恵を受ける企業家

VCは、企業家がイノベーションを起こす仕組みを構造的に支えている。企業家が多く集まるシリコンバレーでは、イノベーションを起こせるのは極めて少数で、むしろ失敗に終わるケースのほうがはるかに多い。こうした不確実性の高い環境下では、イノベーションへの投資はリスク・マネーとして認識されるため、相応の見返り、すなわち長期の利益を伴うハイリターンが期待できなければ、高いリスクを負うことはできない。だが、イノベーションはまさにハイリターンを可能にする。イノベーションの破壊力が大きければ大きいほど、その見返りは大きくなる。ゆえにVCは、ハイリターンを狙ってスタートアップに投資し財務面から積極的に支援する。その投資こそがスタートアップの企業価値を大きくすることをVCは十分に理解している。イノベーションから生まれるハイリターンは主に長期のキャピタルゲインで、従来の株式市場への投資から得られる利益をはるかに超えるものとなる。したがって、VCにとってスタートアップへの投資は極めて魅力的なものとなる。

一方、スタートアップ側から見ると、このVCによるイノベーション投資はどのように位置づけられるのであろうか。一般的に金融機関による融資や株主による投資は、元手のないスタートアップにとっては高いリスクを伴う。なぜなら、スタートアップは金融機関に対しては担保設定、また、株主に対しては配当といったかたちで事業責任を負うからである。だが、VCによる投資はVC自身のリスクで投資することになるため、スタートアップ自身がリスクを負うことはない。つまり、スタートアップがたとえ事業に失敗したとしても事業責任を負うことがないため、VCによる投資は失敗に対して許容度が高いと言える。したがって、こうしたVCによる投資は、スタートアップにとって金融機関による融資や株主による投資よりもローリスク・マネーであることになる。

このように、VCによるイノベーションを起こす仕組みはハイリターンとロー・エントリー・リスクが共存するという原理を伴うことから、不確実性の高い環境下でも起業や創業の試みが数多く誘発されることになる。

失敗を容認する文化とは

イノベーションを生む仕組みの核となる原理は、「ハイリターンとロー・エントリー・リスクの共存」の他にも存在する。それは、「失敗を容認する文化」である。イノベーションの聖地であるシリコンバレーでは、これまでにいくつものイノベーションが生み出されてきた。しかし、こうした輝かしい成功の裏には、実に多くの失敗が存在することを見落としてはならない。生み出されたイノベーションは積み重ねられた失敗の上に出来上がった成果であり、その失敗の多くは貴重な教訓を伴うものである。失敗の経験を積むことは、イノベーション成功の確率を高めることにもつながる。したがって、シリコンバレーの企業家の多くは、失敗から逃れられないことや失敗にくじけてはならないことを自覚している。こうした失敗をネガティブと捉えない企業家の気質は、シリコンバレーにおける「失敗を容認する文化」としていつしか定着し、イノベーションを生む原動力となっている。

スティーブ・ジョブズは「失敗を覚悟で挑み続ける。それがアーティストだ。ディランやピカソは常に失敗を恐れなかった」と言って、イノベーションに挑み続けた。1997年、ジョブズは、2年続きで赤字を計上していたアップルへの特別顧問就任を当時CEOであったギルバート・フランク・アメリオ（Gilbert Frank Amelio）から要請される。ジョブズはピクサー（Pixar Animation Studios）の成功により、すでに栄光を勝ちとることに成功していたため、この要請を断ることもできた。しかし、リスクが高く失敗を伴う恐れが多分にあることの危険な賭けを受け入れ、アップルに復帰する決意をする。成功に安住する道を捨て、まさに失敗を覚悟で挑み続ける道をジョブズは選んだ。後に、ジョブズは数多の失敗を繰り返しながら、iPodやiPhone、iPadといったイノベーションを生み出すことに成功し、栄光を手にすることになる。イノベーションの前では失敗は単なる通過儀礼にすぎず、失敗を容認する文化こそがイノベーションの創出には不可欠なのである。

このように、米国には失敗を無能者の烙印としない風土が存在する。一般的に起業には高いリスクが伴うことから、不安や恐れが生じるものである。だが、こうした風土の存在は起業における失敗をむしろ経験値として認めてくれることになるため、失敗に対する恐れが無くなり企業家の意識も変わっていく。意味のある失敗を歓迎し、そうした失敗が成功への糧となるといった米国の風土こそ、イノベーションの創出を促進するものである。

起業形態の変化に伴うアクセラレーターの出現とイノベーションのさらなる創出

近年米国では、スタートアップへの支援や投資方法に変化が見られる。従来のVCによる投資に加えて、「アクセラレーター（Accelerator）」という新たな存在が現れ、スタートアップへの支援を行っている。アクセラレーターは、スタートアップの教育・育成機関、すなわちインキュベーターとしての機能を持つ点で他のＶＣとは異なる。具体的には、企業経験者や業界の有識者をメンター（mentor：良き指導者）として招き、彼らによる短期（通常２〜３カ月間）集中型の育成プログラムを実施することで、スタートアップの育成を図る。また、育成プログラムの最終段階では、ＶＣやエンジェル（angel investor：企業家に資金を提供する個人投資家）を集めてスタートアップが追加投資を獲得できるためのイベントも合わせて開催する。

基本的にアクセラレーターは、創業間もない企業、あるいはこれから創業するような段階にある企業や創業チームを投資対象に限る点、投資額も株式比率の2〜10%程度（約２〜10万ドル）と少額である点において独自の特徴を有する。なぜなら、元来ＶＣは創業間もない企業に限らず。いわゆるベンチャー・ビジネス全般を対象に投資し、その投資額は１００万ドル以上が一般的であるからだ。米国では、ＹＣ（Y Combinator：Ｙコンビネーター）や５００スタートアップス（500 Startups）、ＥＲＡ（Entrepreneurs Roundtable Accelerator：アントレプレナー・ラウンドテーブル・アクセラレーター）といったアクセラレーターが誕生し、新たなスタートアップを次々と見出し成長させることでその存在感を示している。

アクセラレーターが存在感を増してきた背景には、近年ＩＣＴビジネスにおける起業自体に変化が起きているという実態が存在する。たとえば、スマホやタブレットなどのモバイル市場では、アプリストアの販売システムがすでにプラットフォームとして確立しているため、アプリを開発しグローバル展開することが容易となったことから、開発コストに加え参入コストや流通コストが劇的に低下した。こうした起業に関わるコストの低下によって、スタートアップ支援の重要性が、資金面での援助から知識やノウハウの注入といった育成面での支援へとシフトすることとなった。ただ、従来も育成面での支援は起業局面に応じて、資金面での援助にも増して重要であると考えられてきた。なぜなら、スタートアップの多くは同時期に同様な問題や課題に直面することが多いため、企業経験者や有識者による経験談や助言を必要とするからである。このように、育成面での支援が再認識されることで、まさにアクセラレーターの必要性が顕在化した。

ＶＣの一形態としてのこうしたアクセラレーターの出現は、ＩＣＴビジネスの実態の変化に呼応して、スタートアップ支援の形態が進化していることの証左であり、育成面での支援がスタートアップの成長に大いに寄与するとの観点から、米国におけるさらなるイノベーションの創出を促すものである。

イノベーションのジレンマを解消する戦略の台頭

近年米国では、ＩＣＴ市場におけるイノベーションの役割に変化が見られる。アップルやグーグル、フェイスブックといったすでに優良企業の仲間入りを果たした企業が、イノベーションとしての成果を出したスタートアップを、創業間もない期間で買収する戦略を採り始めている。

たとえば、アップルは２０１３年3月にＧＰＳを利用した屋内位置情報サービスを手がけるWiFiSLAMを、２０００万ドルで買収している。WiFiSLAMは、２０１１年に創業したシリコンバレーに本社を置くスタートアップで、高速無線ＬＡＮであるWiFiを利用する建物内の携帯電話ユーザーの位置をモバイル・アプリに検出させる技術を開発した。アップルの買収の狙いは、この技術をMapsに取り込むことにあった。また、２０１３年10月には、パーソナルアシスタントのアプリを手がけるCueを５０００万ドルで買収している。Cueは２０１０年に創業したサンフランシスコに本社を構えるスタートアップで、Cue買収の狙いは、Cueが開発したパーソナルアシスタントのアプリ機能をTodayやSiriに組み込み、Google Now（パーソナルアシスタント機能）に対抗することにあった。

グーグルは2013年4月に、自然言語処理技術を手がけるWaviiを3000万ドルで買収している。Waviiは2012年に創業したワシントン州シアトルに本社を置くスタートアップで、グーグルの買収の狙いは、検索サービスや検索結果に関連情報を付加して表示するナレッジグラフの向上にあった。さらに、2014年1月にはホームオートメーション関連ぶビジネスを手掛けるNestを32億ドルで、また、AI（Artificial Intelligence：人工知能）関連ビジネスを専業とするDeepMind Technologiesを4億ドルで買収している。Nestは2011年に創業しパロアルトに本社を構えるスタートアップで、Nestが所有するサーモスタットや煙探知機技術を自社のスマートホーム関連事業に取り込むのが買収の狙いであった。他方、DeepMind Technologiesは2011年にロンドンで創業したスタートアップで、買収の狙いはDeepMind Technologiesが開発した強力な汎用アルゴリズム技術をロボット開発に活かすことにあった。

フェイスブックは2012年4月に、モバイル向け写真共有アプリを手がけるInstagramを10億ドルで買収している。Instagramは2010年にサンフランシスコで創業したスタートアップで、わずか2年足らずで3000万人のユーザー獲得に成功している。フェイスブックの買収の狙いは、フェイスブックのアキレス腱とも言われるモバイル・アプリの強化にあった。すなわち、Instagramユーザーの囲い込みと、Instagramの写真に含まれる時間や場所といったデータ情報をフェイスブック生成データに融合させることでターゲティング用ツールを増やし、広告収入につなげることにあった。また、２０１４年２月には、メッセージングサービスを手がけるWhatsAppを１９０億ドルで買収している。WhatsAppは、２００９年に創業したマウンテンビューに本社を置くスタートアップで、クロスプラットフォームなメッセージアプリを開発し、月間ユーザー数は４億５０００万人を超える。WhatsApp買収の狙いは、フェイスブックの影響力が弱いとされるモバイル市場での影響力を強化し、ＳＭＳや通話など携帯キャリアのサービスを利用することなくWhatsApp単独で音声やメッセージ、動画、写真といったサービス利用を顧客に可能にさせるというモバイル・アプリ戦略を促進させることにあった。

このように、いずれの企業も創業から概ね5年以内のスタートアップを高額で買収しているのが特徴的である。既存の大企業は、自社で開発できないもしくは開発に失敗した製品やサービス、技術を買収することで、非連続的なイノベーションの開発が不利であるという大企業の難点を補うことができる。非連続的イノベーションの創出は新興企業に任せて、成果が表れたスタートアップを企業ごと買収するといったケースが増えれば、非連続的イノベーションの担い手である新興企業によって既存の大企業が駆逐されるという、いわゆる「イノベーションのジレンマ」は解消されることになる。そうなれば、大企業は既存の次元での改良や改善といった技術の進歩、すなわち連続的イノベーションに傾注し、新興企業は非連続的イノベーションの創出に注力することになり、連続的イノベーションと非連続的イノベーションの役割における両者の棲み分けは明確になる。

こうした棲み分けが確立されれば、大企業は非連続的なイノベーションにより新興企業に駆逐されるという脅威が無くなり、新興企業は大企業との直接競争が回避でき、成功したら事業を優良企業に売却することを目標に、「世界を変える」という気概もなく起業するケースも増えることになろう。大企業にしてみれば、非連続的なイノベーションはスタートアップ買収により手に入れることが可能となるため、非連続的イノベーションの開発に率先して取り組み努力するモチベーションを失うかもしれない。こうした状況に陥れば、新興企業と大企業のどちらからも画期的なイノベーションが生まれにくくなる可能性もある。今後、既存の大企業が創業間もないスタートアップを企業ごと買収するケースがさらに増加すれば、米国が画期的なイノベーションを創出する活力を失ってしまう恐れも懸念される。

▼参考文献

1 Hofstede, Geert (1980) *Culture's Consequences; International differences in Work-Related Values*, SAGE.

2 Dane Stangler (2009) "The Coming Entrepreneurship Boom," Ewing Marion Kauffman Foundation（http://www.kauffman.org/~/media/kauffman_org/research%20reports%20and%20covers/2009/07/thecomingentrepreneurialboom.pdf）

3 The Wall Street Journal,「アップル、屋内位置情報サービスの米WifiSLAMを買収」（http://jp.wsj.com/news/articles/SB10001424127887324559504578381140903372444）

4 ITPro,「Apple、パーソナルアシスタントの新興企業「Cue」を買収、米メディア報道」（http://itpro.nikkeibp.co.jp/article/NEWS/20131004/508902/）

5 ITPro,「Google、自然言語処理の米新興企業「Wavii」を買収、海外メディア報道」（http://itpro.nikkeibp.co.jp/article/NEWS/20130424/473205/）

6 ITmedia,「Google、"iPodの父"のスマートホーム企業Nestを32億ドルで買収」（http://www.itmedia.co.jp/news/articles/1401/14/news058.html）

7 ITmedia,「Google、人工知能企業ＤＥＥＰＭＩＮＤを買収」（http://www.itmedia.co.jp/news/articles/1401/27/news117.html）

8 TechCrunch,「Facebook、Instagramを10億ドルで買収」（http://jp.techcrunch.com/2012/04/10/20120409facebook-to-acquire-instagram-for-1-billion/）

9 ITPro,「FacebookはWhatsAppの「何を」買うのか、１ユーザーの獲得費用は楽天Viber買収の10倍」（http://itpro.nikkeibp.co.jp/article/COLUMN/20140221/538183/）

あとがき

本書では、イノベーションの戦略と法則に焦点をあて、アップル、アマゾン、グーグル3社の革新性を明らかにしたうえで、こうした革新的な企業がなぜ米国から断続的に生まれるのか、その要因の解明を試みた。イノベーションを起こした企業には当然ながら共通した戦略やシステムが存在するが、一方でイノベーションに対するアプローチの仕方は企業ごとに異なり独創的でもある。

序章で論じたように、グーグルは基本的にイノベーションに対してオープンなアプローチを採る。だが、コアビジネスであるウェブ検索エンジンではアルゴリズムを非公開とするクローズなアプローチを採っている。グーグルはこれを唯一の例外としているが、グーグルのように取り組む事業分野によりアプローチ方法を変えてイノベーションを創出する企業も存在する。

イノベーションは企業に大きな経済的価値をもたらしてくれる。経済的価値は、その企業の強みとなって表れ数値として顕在化する。もはや連続的イノベーションに移行したアップルの強みは、毎年定期的に投入する新型モデルを既存顧客に売り切る力にある。旧型iPhoneから新型iPhoneへの乗り替え率が7割（業界標準は2〜3割）を超えていることがそれを証明している。

また、果敢にイノベーションに挑戦し続けるアマゾンの強みは、自社の通販サイトに恒常的に顧客を呼び込む集客力にある。アマゾンのサイトに訪れる顧客の7割以上が、すでにリピーターとなっている。

さらに、漸進的な改良や改善を積み重ねるグーグルの強みは、グローバルレベルで検索者を広告プログラムに引き寄せる力にある。グーグルのシェアはウェブ検索市場の7割近くを占め、もはや独占的な地位を築き上げている。

このように、どの企業もイノベーションの創出により、重要な指標において7割という高い数値を叩き出し、自社の強みを顕在化させて強固な顧客基盤を築き収益性を高めている。こうした強みが次なる革新を生み出し、将来的にも我々のデジタルライフをより安全で豊かなものへと変えてくれるに違いない。

最後に、本書の出版にあたり、NTT出版の多くの方々にご協力をいただいた。特に、出版本部の斎藤公孝本部長と佐々木元也氏には多大なご尽力をいただいた。ここに心から感謝の意を記したい。また、本書の執筆にあたり、環境を整え支えてくれた妻といつも温かい言葉をかけて励ましてくれた子供たちに厚く感謝したい。

2015年2月

雨宮寛二

モバイル・アプリ　180, 181, 182
モバイル検索サービス　132
モバイル・コンピューティング　006
モバイル市場　008, 137, 139, 179, 182
モバイルソフト　147
モバイル端末　007, 039, 119, 138
モバイル・プラットフォーム　138, 140
モバイルブログ　147
模倣　045

|や|

ヤフー　143

|ゆ|

優位性　074, 088, 109, 119, 139
ユーザーインターフェイス　059
ユーザー・エクスペリエンス　008, 081
ユーザーフレンドリー　090
優良企業　006, 078, 080, 180
ユニクロ　053
ユニバーサル検索（Universal Search）　016, 130

|よ|

良い失敗の仕方　006
ヨーロッパ　163

|ら|

ライダー（Lidar）　156
ライトスピード・ベンチャー・パートナーズ（Lightspeed Venture Partners）　173
ライフサイクル　007, 061
ライフスタイル　009, 026
ラガード　047図
ラジエーター　144
ラボ126　117

|り|

リアル　011, 105
リーダー　030, 074, 078
リープフロッグ・ベンチャーズ（Leapfrog Ventures）　173
リーン生産方式 → LPS
利益　061, 079, 083
利益率　082, 106, 110, 113
リクルート　009, 150
リサ　073
リスク　036, 098, 154, 174, 176
リスク回避性（Uncertainty Avoidance）　166
リスクテイク能力　036
リスク・マネー　174
リソース　015, 017, 061, 147, 153
リソース配分　017, 154
リターン　015, 154
リチウムポリマー充電池　087
立体画像　136
リバース・イノベーション（reverse innovation）　065, 067
利便性　050, 051
流出　045
流通コスト　179
流動期（fluid stage）　054, 055
流動性　010, 018, 152, 164
両利きの戦略　080
両立可能性　051, 053, 054
リロード（reload：再読込）　135

|れ|

レイトマジョリティ（Late Majority：後期多数派）　047図, 048
レーダー探知機　157
歴史的背景　017, 163, 167
レコメンデーション　009, 015, 060
レコメンデーション機能　106, 107, 108
レッドポイント・ベンチャーズ（Redpoint Ventures）　173
連続的　007, 030, 034, 079
連続的イノベーション　029, 030, 060, 079, 134

|ろ|

労働市場　018, 164
ローエンド市場　034, 035
ローエンド製品　034
ローエンドモデル　064, 110, 119
ロー・エントリー・リスク　175
ローカライズ　149
ローカライゼーション　149
ローカル・グロース・チーム → LGT
ローカル検索機能　147
ローゼンバーグ、ネイサン（Rosenberg, Nathan）　026
ローリスク・マネー　175
ロジスティクス　096, 105
ロジャーズ、エベレット（Rogers, Everett M.）　044, 046, 051, 054
ロングテール　106, 110
ロンドン　181

|わ|

ワシントン　181

173
プラットフォーム　008, 049, 076, 090, 136, 142
プラットフォーム戦略　012
ブラビア（BRAVIA）　030
フランス語　148
ブランド価値　084
プリウス　053
プリミティブ（primitive：基本的構成要素）　114
ブリン、セルゲイ・ミハイロヴィッチ（Brin, Sergey Mikhaylovich）　005, 129, 157
プリンタ市場　043
フルフィルメントセンター（Fulfillment Center：物流センター）　105, 109, 120, 122
フロー　083
プロジェクトリーダー　074
プロセス・イノベーション　015, 105, 119
プロダクト　007, 013, 134, 152
プロダクトの優位性　010, 153
プロダクトマネージャー（product manager）　149
フロッピーディスクドライブ　035
分散型ネットワーク　026
文書解析　129
文脈 → コンテクスト

|へ|

米国　087, 148, 163, 167
ペイジ、ローレンス・エドワード・ラリー（Page, Lawrence Edward "Larry"）　005, 129
米連邦航空局 → FAA
ページランク（pagerank）　129, 133
ベガ（WEGA）　030
ベストセラー　110
ベゾス、ジェフリー・プレストン（Bezos, Jeffrey Preston）　104, 111, 114, 116, 124
変革力マップ　037, 058, 059
ヘンダーソン＝クラーク（Henderson and Clark）　041
ベンチマーク・キャピタル（Benchmark Capital）　173
ベンチャー・キャピタル → VC
ベンロック・アソシエイツ（Venrock Associates）　173

|ほ|

法務　152
ポートフォリオ　153
ホームオートメーション　181
ポジションセンサー　157
保守的　038
ホフステッド、ヘールト（Hofstede, Geert）　165
ホフステッド指数　165
ホロウィッツ、アンドリーセン（Horowitz, Andreessen）　173
ホンダ　039, 155
ボンダイブルー　075

|ま|

マーケットサイズ　034
マーケット・プル → 市場牽引型
マーケットメーカー　048
マーケティング　007, 044, 047, 049, 065
マージン　045, 050
マイクロソフト　049, 052, 074, 140, 163
マイクロプロセッサー　171
マウンテンビュー　182
マッキンゼー・アンド・カンパニー　107, 108
マッキントッシュ　073
マッチング機能　113
マッハ（MACH）　043
マルチタスク　027, 028, 139

|み|

ミッション　007, 134, 149

|む|

ムーア、ジェフリー（Moore, Geoffrey A.）　049
ムーンショット　159
無料配送　105

|め|

メイフィールド・ファンド（Mayfield Fund）　173
メーカー　139
メッセージ　114, 182
メッセージアプリ　182
メディア事業　117
メンター（mentor）　178
メンロー・ベンチャーズ（Menlo Ventures）　173

|も|

モーゲンサラー・ベンチャーズ（Morgenthaler Ventures）　173
モール・ダビドウ・ベンチャーズ（Mohr Davidow Ventures）　173
モチベーションの非対称性（asymmetries of motivation）　033
モデルチェンジ　092
モニター　076
物や力（materials and forces）　025
モバイルOS（mobile OS）　016, 137, 140
モバイルSNS　147

Enterprise Associates) 173
ニュース 130
ニュートラル 133
ニュートン → ニュートン・メッセージ・パッド
ニュートン・メッセージ・パッド（Newton Message Pad：ニュートン） 075

|ね|

ネクサス7 050
ネット 011, 105, 108, 109, 135
ネット事業者 026
ネットワーク 171
ネットワークサービス 076, 090
ネットワークの外部性 141

|の|

ノートPC 049, 075

|は|

パーソナライゼーション（機能） 009, 015, 060, 104
パーソナルアシスタント（機能） 180
ハードウェア 061, 080, 094
ハードウェアキーボード 058
パートナーシップ 158
ハイエンド 074
配送コスト 105
配送梱包ステーション（pick-and-pack station） 122
ハイテク産業 063
配当 175
ハイブリッド車 053
ハイリターン 174
破壊的 038
破壊的イノベーション（disruptive innovation） 032, 034, 035
破壊的技術 034
破壊的事業 015, 117
破壊力 077, 083, 174
バックラブ 129
発明（invention） 044
パノラマ画像 136
バブルジェット方式 043
パラダイム 061, 064
バリューチェーン 062, 094, 139
パロアルト 181
販売 065
販売価格 084
汎用アルゴリズム 181
汎用性 119

|ひ|

ヒートテック 053
ピカサ（Picasa：画像管理ソフト） 156
ピカソ 176
光ファイバー 172
ピクォート・ベンチャーズ（Pequot Ventures） 173
ピクサー（Pixar Animation Studios） 176
飛行機 039
ビジネス機会 110
ビジネスセンス 150
ビジネスモデル 062, 114, 141, 158
ビジネスモデルイノベーション 016, 141
ビジョン 007, 093, 094, 097, 107, 148
ビスタ（Vista） 052
ピッキング 105, 120
ピックツーライト方式（pick-to-light） 120
ヒュンダイ 155
標準化 137
非連続性の文化 163
非連続的 007, 024, 026, 079, 090
非連続的イノベーション 029, 031, 059, 076, 182
品質 056, 089, 130, 140

|ふ|

フィリップス 043
フェイスブック 163, 180, 181
フォード 038
フォックスコン・テクノロジー・グループ（Foxconn Technology Group：富士康科技集団） 088
フォロワー 005
深い溝 → キャズム
普及率 048, 058
普及率16%の論理 046, 048
複雑性 051, 052, 053
部材調達 094
富士通 049
物流システム 123
物流センター → フルフィルメントセンター
物流ネットワーク 104, 105, 121, 123
物流ネットワークシステム 109
部品コスト 084, 085
プライシング 084, 115
ブラウザ 137
ブラウン管技術 030
ブラウン管テレビ 030
ブラックストーングループ（Blackstone Group）

|ち|

チェスブロウ　062, 086
チェスブロウ、ヘンリー（Chesbrough, Henry） 061
地図　130
地図サービス　135
知的財産権　062, 085
チャールズ・リバー・ベンチャーズ（Charles River Ventures）　173
中央集権的　066
中核価値　009, 103
中間管理職　111, 152
チューニング（tuning）　133, 148
長期赤字　106
長期主義（Long Term Orientation）　166
長期的な視野　105
調達　066, 085, 087
直感的　086

|つ|

ツイッター　163
通常型イノベーション（regular innovation） 038, 039, 059
通信キャリア　139
通販サイト　014, 103, 109, 116, 119

|て|

低価格　050, 074, 109
低消費電力　118
ディスプレイ　073, 117, 118
ディマンド・プル → 需要牽引型
ディラン　176
低利益率経営　015, 106, 111
データセンター　144, 145
データベース　114, 147
手書き文字認識機能　075
テキスト　073
テクノロジー　007, 061, 104, 107, 159
テクノロジー・プッシュ → 技術圧力型
デザイナー　092
デザイン　086
デジタル音楽市場　116
デジタル化　073
デジタル技術　041, 172
デジタルコンテンツ　049, 076, 090, 110, 130
デジタル情報　026
デジタル戦略　117
デスクトップPC　053
デフォルト　139
デル・コンピューター　049, 163
テレビ事業　030
電気機関車　058
電子機器製造受託サービス企業 → EMS企業
電子商取引 → EC
電子書籍　059, 076, 109, 116, 118
電子書籍サービス　015
電子書籍事業　116
電子書籍リーダー　117, 119
電子ペーパー　118
電子メール　026
伝送路技術　171, 172
電力消費効率　144, 145

|と|

トイザらス　122
ドイツ語　148
動画　130, 182
統合化戦略　008, 081
投資家　015, 106, 172
当日配送　105
東芝　087
銅線　172
東芝　049
独占契約　085, 118
独占販売契約　140
途上国　064, 065
トップ100リスト　153
トップダウン　093
共食い → カニバリゼーション
トヨタ　053
トランスルーセント　075
トリンブル、クリス（Trimble, Chris）　065
トレードオフ　080
ドローン（drone）　124
ドロップ・ダウンメニュー　132

|な|

ナビゲーション　155, 158
ナレッジグラフ（Knowledge Graph）　016, 131
ナレッジパネル　131

|に|

ニーズ　078
ニッチ市場　106
ニッチ創出型イノベーション（niche creation innovation）　038, 039, 041, 059
ニッチプレイヤー　082
日本　058, 163
ニュー・エンタープライズ・アソシエイツ（New

真空管　058
新結合（new combination）　025
人件費　074
新興企業　031, 034, 078, 172
新興国　064
新興国市場　064, 066, 067
人工知能 → AI
新市場　034, 035
浸透　045
シンプル・ストレージ・サービス → アマゾンS3
信頼性　050

|す|

水冷方式　144
スーパーフラットトリニトロン管　030
スタートアップ（startup）　031, 172, 174, 177, 180
スタイラス機能　049, 075
スタンドアローン　171
ステレオカメラ　157
ストック　083
ストリートビュー　136
ストレージ　109, 114, 115
スペイン語　148
スマート・クリエイティブ　009, 150, 151, 152
スマホ　058, 079, 133, 136, 179
スマホ市場　058, 114

|せ|

生活用品　106
セイコーエプソン　042
生産技術　055
生産性のジレンマ（productivity dilemma）　056
成熟期　158
成熟産業　116
製造　065, 066, 087, 094, 121
製造管理方式　120
製造コスト　084, 085
製品イノベーション（product innovation）　055, 057
製品開発　065
製品ライフサイクル　047
セールス　152
セールスフォース・ドットコム　163
積層型ピエゾ → MLP
セコイア・キャピタル（Sequoia Capital）　164, 173
設計図 → ソースコード
セットアップ　075
ゼロックス　035
先行者の優位（first-mover advantage）　088
センサー　156
潜在性　165
潜在ニーズ　039
先進国　058, 065
全体最適化　031
全地球測位システム → GPS
専門知識　150
専用性　119
戦略性　075

|そ|

創意工夫　105
相関関係　036, 145
相乗効果　111
創造的破壊　007, 025, 060, 076
相対的優位性　051, 053, 054
ソースコード（source code：設計図）　007, 016, 080, 138
属性　104
組織　038, 092, 111, 151, 163
組織構造　066
組織編成　111
組織力　164, 167
ソナー　157
ソニー　030, 039
ソフトウェア　061, 080, 094, 114, 137
ソフトウェア開発キット → SDK
ソフトウェアキーボード　058
損益分岐点　110, 115
存続し続ける（going concern）　024

|た|

ターゲティング広告　142
大企業　006, 013, 031, 080, 182
第三世代のiPad　084
大量生産化　039
ダウンサイジング　043
ダウンロード　118
高い採用基準　103
タッシュマン=アンダーソン（Tushman and Anderson）　041
脱成熟化（de-maturity）　012, 041, 057, 058
タッチパネル　049, 090
タブレット　028, 049, 179
タブレットPC　049
タブレット市場　028, 049, 050, 119
短期利益　106
担保　175

コンソーシアム　155
コンテクスト（context：文脈）　079
コンテナ　144
コンテナ型データセンター（container-type data center）　144, 146
コンテンツ配信　026
コンテンツ・プラットフォーム　139
コントロール権　008, 013
コンピュータ　039
コンピュータ基盤　073
コンピューティング　114, 115
コンピューティングサービス　109
梱包作業　120
梱包方法　105

|さ|

サードパーティ　091
サーフェス　050
サーモスタット　181
在庫　120
在庫回転率　109
在庫管理　085
在庫切れ　109
最適温度　145
財務　152
先入先出法 → FIFO
サプライチェーン（supply chain）　104, 106, 119
サプライチェーン・マネジメント　088
サプライヤー　045, 095
差別化　103, 139
サムスン　050
産業構造　011, 038, 171
サンドヒルロード　172
参入コスト　179
サンフランシスコ　180, 181
サン・マイクロシステムズ　146

|し|

シアトル　181
時価総額　106
事業機会　171
事業責任　175
資源配分　031
自己抑制（Indulgence）　166
市場／顧客面　032, 034, 037, 058
市場牽引型（マーケット・プル）　042, 043
市場構造　035, 036, 113, 115
市場シェア　109
市場調査　007
指数関数的　130, 172
システム志向型　097
自然言語処理技術　181
自走式ロボット　121
持続的イノベーション（sustaining innovation）　028, 032, 034
持続的技術　033, 034
実証研究　036, 145
実証分析　012
失敗を容認する文化　176
自動運転車　155
自動車産業　155, 157
自動値つけロボット　015
支配的なデザイン（dominant design）　056
資本主義　025
ジャーベットソン、ドレイパー・フィッシャー（Jurvetson, Draper Fisher）　173
社会構造　026
社会制度　017, 164
社会変動　045
写真　182
シャスタ・ベンチャーズ（Shasta Ventures）　173
ジャングリー　113
収益　061, 106, 131
収益モデル　138, 141
集積回路　058
集団主義（Collectivism）　166
柔軟性　010, 055
収入分配（revenue sharing）システム　091
従量課金制　115
シュミット、エリック・エマーソン（Schmidt, Eric Emerson）　150
需要牽引型（ディマンド・プル）　042
需要サイド　028
主流市場　033, 078
シュンペーター、ヨーゼフ・アーロイス（Schumpeter, Joseph Alois）　025, 035
シュンペーター・マークⅠ　035
シュンペーター・マークⅡ　035
蒸気機関車　039, 058
試用体験　051, 052, 053
消費者　045
情報通信市場　172
初期採用者 → アーリーアダプター
初期多数派 → アーリーマジョリティ
書籍販売事業　116
ショップ・ザ・ウェブ　113
ジョブズ、スティーブン・ポール（Jobs, Steven Paul "Steve"）　005, 074, 078, 092, 176
シリコンバレー　172, 174, 176
ジレンマ　073

クラーク、キム (Clark, Kim B.)　037
クライナー・パーキンス・コーフィールド・アンド・バイヤーズ (Kleiner Perkins Caufield & Byers)　164, 173
クラウド　005, 144
クラウドソーシング (crowdsourcing)　114
グラフィック　074
グラフィックエンジン　147
クリエイティブなエネルギー　150
クリステンセン、クレイトン (Christensen, Clayton M.)　032, 034, 035, 042
クリック・ドラッグ　137
クリック率 → 広告クリックスルーレート
グレイロック・パートナーズ (Grayrock Partners)　173
グローカリゼーション　064, 065, 067
クローズ戦略　080, 082, 139
クローズドイノベーション (closed innovation)　063
クローズドソース　081, 137, 140
グローバル企業　065, 066
黒字　076, 083, 106
クロスプラットフォーム　182

|け|

経営改革　065, 066
経営資源　031, 036, 098
経営者　164
経営戦略　065
経済構造　026
経済システム　025
経済成長　009, 011
経済的価値　036, 051, 141, 146, 163
形式知　096
携帯情報端末 → PDA
携帯電話市場　058
ゲーム　059, 091, 110
煙探知機技術　181
原価割れ価格　110
研究開発　044, 066, 094, 113
権限分散型　066
検索アルゴリズム　016, 129, 133
検索エンジン　059, 129, 133, 136, 141
検索機能　016
検索クエリー　129
検索結果　132
検索語　131, 132, 141
検索サービス　016, 130, 143, 181
検索トラヒック　142
検索連動型広告　016, 141, 142
現地化戦略　065
倹約　103
権力の格差 (Power Distance)　166

|こ|

コア技術　085
コア・コンピタンス (core competence)　031, 032
コア事業　109, 116
コアビジネス　009, 016, 017, 154
後期採用者　046図
後期多数派 → レイトマジョリティ
航空写真　147
広告クリックスルーレート (click through rate：クリック率)　142
広告収入　138, 158, 182
広告プログラム　016, 138, 141, 142
構成要素　006
高速無線LAN　180
構築的イノベーション (architectural innovation)　038, 041, 058, 059
工程イノベーション (process innovation)　055, 057
行動重視　103
高度情報化社会　172
購買意欲　104, 108
購買履歴　104
小売　107
小売企業　104
効率化　015, 104, 121, 122
小型液晶ディスプレイ　087
小型オートバイ　039
小型ディスクドライブ　087
顧客　051, 073, 103, 108, 163
顧客最優先　103
顧客第一　105
顧客ニーズ　034
国民性　017, 163, 165, 166, 167
個人主義 (Individualism)　165, 166, 167
個人専用サイト　104
個人投資家　178
コスト　097, 138, 158, 179
コスト構造　115
コスト削減　016, 040, 096, 123
コストダウン　043
固定期 (specific stage)　054, 056, 057, 058
ゴビンダラジャン、ビジャイ (Govindarajan, Vijay)　065, 066
コモディティ化　061
コンシューマ　043, 171
コンセンサス　032, 098

オープン・プラットフォーム　008, 016, 017
オールインワン　076
男らしさ（Masculinity）　166
オピニオンリーダー　048
オペレーション　015, 080, 085, 094, 096
オラクル　163
オンデマンドサービス　157
オンラインショッピング　026
オンラインショップ　105, 113
オンライン地図情報サービス　016

|か|

開発企業　081, 137
開発コスト　179
開発者　091, 112, 138, 140
開発費　074
外部環境　025
カウフマン財団　164
価格　034, 050
価格決定権　084
価格優位性　015
革新　037, 111, 154
革新者 → イノベーター
革新性　005, 013, 096, 136
革新的　038
革命的イノベーション（revolutionary innovation）　038, 040, 041, 058, 059
可視性　051, 053
カスタマーレビュー　106, 107
カスタマイズ　064
画像　073, 130
画像管理ソフト　156
画像処理システム　121
価値基準　073, 075, 077
画期的な革新　012, 023, 024, 134
楽曲　026, 059, 076
金型製造技術　088
カニバリゼーション（cannibalization：共食い）　117
株式市場　015, 106, 174
株主　175
カメラ　027, 121
ガラケー → ガラパゴス携帯
ガラパゴス携帯（ガラケー）　058, 133
官僚的組織　038

|き|

キーボード　073, 076
機械学習（machine learning）　143
企業家（entrepreneur）　035, 153, 164, 174, 176
企業家精神　112
企業活動　023
企業間競争　059
企業規模　035, 036
企業構造　026
企業戦略　032, 107
企業文化　006, 113, 149, 153
企業力　097
技術圧力型（テクノロジー・プッシュ）　042
技術革新　036, 171
技術進歩　164, 167
技術／生産（面）　032, 037, 058
既存製品やサービスの改良や改善　012, 019, 024, 026, 078
機動性　075
機能性　050
機能別組織　153
キバ・システムズ　121
基盤技術　016, 146
基本的構成要素 → プリミティブ
基本的要件　150
キャズム（chasm：深い溝）　048
キャッチャー・テクノロジー（Catcher Technology：可成科技）　088
ギャップ　122
キヤノン　043
キャピタルゲイン　174
ギャラクシータブ　050
供給サイド　050
競合企業　085, 089, 103, 143
競合他社　027, 040, 045, 082, 085
競争優位　032, 039, 040, 078
競争力　108
協調フィルタリングアルゴリズム（collaborative filtering algorithm）　108
キンドル（Kindle）　010, 015, 110, 116, 119
キンドル・ファイア（Kindle Fire）　005, 119
金融機関　175

|く|

グーグル　005, 016, 059, 129, 163
グーグルアース　156
グーグル・インスタント（Google Instant）　016, 131
グーグルカー　155
グーグル・サジェスト（Google Suggest）　016, 132
グーグルマップ　016, 135, 136, 147, 156
ググる　133
クック、ティモシー・ドナルド（Cook, Timothy Donald “Tim”）　014, 077, 096, 097, 098

アプリ開発　077
アプリケーション　059, 137
アプリストア　139
アマゾン　008, 014, 060, 103, 163
アマゾンEC2（Elastic Compute Cloud：エラスティック・コンピュート・クラウド）　114
アマゾンS3（Simple Storage Service：シンプル・ストレージ・サービス）　114
アマゾンウェブサービス → AWS
アマゾンプライムエア（Amazon Prime Air）　124
アメリオ、ギルバート・フランク（Amelio, Gilbert Frank）　176
粗利率　084
アルゴリズム（algorithm）　104, 108, 120, 141
アントレプレナー　005, 098
アントレプレナー・ラウンドテーブル・アクセラレーター → ERA
アンドロイド　008, 016, 137, 138, 155
アンドロイド携帯　005, 139, 140
アンドロイド・タブレット　005
暗黙知　096

｜い｜

イーベイ（eBay）　113, 163
異議を唱える義務　150
移行期（transitional stage）　054, 056
意思決定　081, 107, 151
意思決定者　010, 151
意思決定手続き　031
意思決定プロセス　148
イタリア　058
イタリア語　148
位置特定用カメラ　157
一般動詞化　133
イノベーション　012, 024, 073, 103, 129
イノベーションのDNA　013, 078
イノベーションのジレンマ（innovator's dilemma）　032, 075, 079, 183
イノベーター（Innovators：革新者）　047
インキュベーター　178
インクジェットプリンタ → IJプリンタ
インクリメンタル・イノベーション（incremental innovation）　028
インストック率　108
インターネット　006, 026, 108, 167, 172
インタラクティブ　135
インフルエンサー　048
インベンテック（Inventec：英業達）　088

｜う｜

ウィスパーネット　118
ウインドウズ95　074
ウインドウズOS　074, 171
ウインドウズXP（Windows XP）　052
ウェアラブル　011
ウェーブ方式（wave）　120
ウェブ　074
ウェブアプリケーション　016, 136, 143, 146
ウェブ検索エンジン　016
ウェブサービス（web service）　015, 114, 115
ウェブサイト　103
ウェブ地図　136
ウェブマッピング技術　147
ウォークマン　035, 039
薄型テレビ　030
売上高　077, 106, 108

｜え｜

エアコン冷却　144
営業費用　107
英国　148, 167
英語圏　148
映像　026
液晶　118
液晶パネル技術　030
エコシステム　008, 088, 089, 091, 139, 140, 158
エブリシング・ストア　109, 110, 120
エブリデーロープライス　108, 109
エラスティック・コンピュート・クラウド → アマゾンEC2
エレクトロニクス　106
エレベーション・パートナーズ（Elevation Partners）　173
エンジェル（angel investor）　178
エンジニア　092, 112
エンジニアリング　086, 152
エンターテインメント性　081

｜お｜

欧州　058, 163, 167
欧米　058
オークションサイト　112
オーストラリア　167
オーナーシップ　103
オープンイノベーション（open innovation）　061, 086
オープン戦略　008, 081, 138, 139
オープンソース　008, 140, 158

LGT（Local Growth Team：ローカル・グロース・チーム） 066
LIFO（Last-In First-Out：後入先出法） 120
LPS（Lean Product System：リーン生産方式） 120

| M |

Mac 082
Maps 180
MITS（Micro Instrumentation and Telemetry Systems） 171
MLP（Multi Layer Piezo：積層型ピエゾ） 043

| N |

Nest 181
NeXT 095

| O |

OAA（Open Automotive Alliance） 155
OS 007, 052, 081, 085, 137, 155

| P |

PC 118, 171
PC互換機市場 171
PC市場 140, 171
PDA（Personal Digital Assistant：携帯情報端末） 074
PUE（Power Usage Effectiveness） 145

| S |

SDK（Software Development Kit：ソフトウェア開発キット） 091
Siri 098, 180
Skia 147
SMS 182

| T |

T型フォード 038
ThinkPad X60 Tablet 049
Today 180
TouchSmart tx2 049

| U |

USB 027
USベンチャー・パートナーズ（U.S. Venture Partners） 173

| V |

VC（Venture Capital：ベンチャー・キャピタル） 018, 167, 164, 1721, 174

| W |

Wavii 181
WhatsApp 182
Where2 147
WiFi 118
WiFiSLAM 180
Windows XP Tablet PC Edition 049

| Y |

YC（Y Combinator：Yコンビネーター） 178

| Z |

Zingku 147
ZipDash 147

かな

| あ |

アーキテクチャ 062
アーリーアダプター(Early Adopters：初期採用者) 046, 047図, 048, 051
アーリーマジョリティ（Early Majority：初期多数派） 047図, 048
アイブ、ジョナサン 014
アウディ 155
赤字 075, 079, 106
アクオス（AQUOS） 030
アクセラレーター（Accelerator） 177, 179
アッターバック 054
アップグレード 023, 073, 084, 098, 119
アップストア 077, 090
アップデート 023, 073, 098, 119
アップデートシステム 091
アップル 013, 028, 073, 140, 163, 171
アップルI 073
アップルII 073, 171
アップルIII 073
アップル新製品開発プロセス → ANPP
後入先出法 → LIFO
アドセンス 016, 138, 141
アドワーズ 016, 138, 141
アナリスト 123
アバナシー 054
アバナシー、ウィリアム（Abernathy, William J.） 037
アバナシー＝アッターバック 054
アバナシー＝クラーク 037, 041, 057, 059
アプリ 049, 076, 090, 179

索引

英数字

3D　136
3Dマップ　156
3Gネットワーク　118
7のルール　151
20%ルール　149, 152
70対20対10のルール　017, 154
500スタートアップス（500 Startups）　178

|A|

A4　085
ADSL　172
AI（Artificial Intelligence：人工知能）　181
Ajax（Asynchronous JavaScript＋XML）　135, 137
allPAY GmbH　147
Altair 8800　171
Android　147
ANPP（Apple New Products Process：アップル新製品開発プロセス）　095
Apple Watch　011
Asynchronous JavaScript＋XML → Ajax
AT&Tワイヤレス　118
AWS（Amazon Web Service：アマゾンウェブサービス）　114

|B|

bruNET GmbH　147

|C|

CPU　171
Cue　180

|D|

DeepMind Technologies　181
DynaBook SS 3500　049

|E|

EC（Electronic Commerce：電子商取引）　104
EMS（Electronics Manufacturing Service：電子機器製造受託サービス）企業　088
ERA（Entrepreneurs Roundtable Accelerator：アントレプレナー・ラウンドテーブル・アクセラレーター）　178
Eインク　118

|F|

FAA（Federal Aviation Administration：米連邦航空局）　124
FIFO（First-In First-Out：先入先出法）　120
Flash　027
FMV-STYLISTIC TB93/B　049

|G|

GM　155
Google Now　180
GPS（Global Positioning System：全地球測位システム）　016, 124, 136, 137, 147, 156

|H|

『How Google Works』　150
HP　049
HTTP　135

|I|

IBM　035, 165, 171
iBooksストア　077, 090
ICT市場　018, 180
IJプリンタ（InkJet Printer：インクジェットプリンタ）　042
iMac　075, 079
Instagram　181
iOS　085, 092, 139
iOS4.2.1　028
iPad　027, 060, 076, 088
iPad2　028
iPad Air　084
iPhone　058, 084, 089, 090, 114
iPhone 3G　084
iPhone 4S　084
iPhone 6　089
iPod　059, 076, 082, 087, 116
iTunesミュージックストア　077, 083, 090, 116
IT革命（Information Technology Revolution）　171
IT投資　014, 107

|J|

Jaiku　147

|K|

Keyhole　147

|L|

Latitude XT　049
Lenovo　049

雨宮寛二（あめみや・かんじ）
ハーバード大学留学時代に情報通信の技術革新に刺激を受けたことから、長年、イノベーションやICTビジネスの競争戦略に関わる研究に携わり、企業のイノベーション研修や講演、記事連載、TVコメンテーターなどを務める。
日本電信電話株式会社、公益財団法人中曾根康弘世界平和研究所などを経て、現在、淑徳大学経営学部教授。単著に、『世界のDXはどこまで進んでいるか』（新潮社）、『2020年代の最重要マーケティングトピックを1冊にまとめてみた』『サブスクリプション』（いずれもKADOKAWA）、『アップル、アマゾン、グーグルの競争戦略』『アップルの破壊的イノベーション』（いずれもNTT出版）、『図でわかる経営マネジメント―事例で読み解く12の視点―』（勁草書房）などがあるほか、『角川インターネット講座11 進化するプラットフォーム』（KADOKAWA）や『現代中国を読み解く3要素　経済・テクノロジー・国際関係』（勁草書房）に執筆している。

アップル、アマゾン、グーグルのイノベーション戦略

2015年3月19日　初版第1刷発行
2024年9月18日　初版第3刷発行

著　者　雨宮 寛二
発行者　東 明彦
発行所　NTT出版株式会社
〒108-0023　東京都港区芝浦3-4-1 グランパークタワー
営業担当　TEL 03-6809-4891　FAX 03-6809-4101
編集担当　TEL 03-6809-3276
https://www.nttpub.co.jp/
デザイン　米谷 豪
印刷製本　中央精版印刷株式会社

ISBN 978-4-7571-2345-8 C0034